Histoire d'une passion

DU MÊME AUTEUR

Djamila Boupacha, préface de Simone de Beauvoir, dessin original de Picasso, Gallimard, 1962 et rééditions.
Resistance against tyranny (en collaboration), Londres, E. Heimler, 1966.
Le Procès de Burgos, préface de Jean-Paul Sartre, Gallimard, «Témoins», 1971 (épuisé).
La Cause des femmes, Grasset, 1974; Gallimard, «Folio», 1992 et rééditions.
Le Programme commun des femmes (en collaboration), Grasset, 1978 (épuisé).
Le Lait de l'oranger, Gallimard, 1988; «Folio», 1990 et rééditions.
Une embellie perdue, Gallimard, 1995.
La Nouvelle Cause des femmes, Le Seuil, 1997.
La Parité dans la vie politique. Rapport de la commission pour la parité entre les femmes et les hommes dans la vie politique, La Documentation française, 1999.
Fritna, Plon, 1999; Pocket, 2001 et rééditions.
Avocate irrespectueuse, Plon, 2002; Pocket, 2003 et rééditions.
L'Étrange Monsieur K., Plon, 2003.
La Kahina, Plon, 2006; Pocket, 2009.
Ne vous résignez jamais, Plon, 2009; Pocket, 2010.

EN COLLABORATION
AVEC «CHOISIR/LA CAUSE DES FEMMES»

Avortement : une loi en procès. L'affaire de Bobigny, préface de Simone de Beauvoir, Gallimard, «Idées», 1973.
Viol : le procès d'Aix-en-Provence, Gallimard, «Idées», 1978.
Choisir de donner la vie, Gallimard, «Idées», 1979.
Quel président pour les femmes ?, Gallimard, «Idées», 1981.
Fini le féminisme ?, Gallimard, «Idées», 1984.
Femmes : moitié de la Terre, moitié du pouvoir, Gallimard, 1994.
Le Procès de Bobigny, avant-propos de Gisèle Halimi, Gallimard, 2006.
La Clause de l'Européenne la plus favorisée avec « *Le meilleur de l'Europe*» par Gisèle Halimi, Éditions des femmes, 2008.

Gisèle HALIMI

Histoire d'une passion

PLON

www.plon.fr

© Plon, 2011
ISBN : 978-2-259-21394-3

Pour elle, évidemment...

*Les grandes passions se préparent
en de grandes rêveries.*

Gaston BACHELARD,
La Poétique de la rêverie.

Avant-propos

Ce manuscrit reprend quelques pages de mon journal des années 2001-2004.

Pour comprendre, pour me comprendre, l'écriture me fut toujours nécessité. Ecrire m'a permis de reconstruire dans sa vérité l'enchaînement des faits.

Et d'exprimer quelquefois, comme dans *Fritna*, une souffrance.

Une souffrance qu'en solitaire et la plume à la main, j'ai explorée.

Gisèle HALIMI.

CHAPITRE I

Une fille !

Ce 12 août 1992, tout a commencé par une chute. Une chute spectaculaire dans ma salle de bains.

Nue, le corps couvert d'une abondante mousse de savon, j'enjambe dans une folle excitation le rebord de la baignoire. Je vise le tapis d'éponge, trop lointain de la douche. Dans la même manœuvre, fiévreuse, je tente d'arrêter la radio et France Culture.

Claude hurle. Je glisse. Un coup au tibia, un bleu (tenace) plus tard. Je tombe, je me relève et cours vers la chambre d'où Claude continue de hurler. « Ça y est, tu es grand-mère... Ça y est... C'est une fille ! » Il ouvre grand la porte. « Elle s'appelle M. et trois autres prénoms, je ne sais plus. »

Toujours dégoulinante d'eau et de savon, toujours nue, immobilisée devant le téléphone, je hasarde, pour une vérification qui s'impose : « C'est sûr ? Une fille ? »

* *

*

J'ai exprimé à plusieurs reprises ma frustration. Ne pas avoir réussi à mettre au monde une fille. Inconsciemment sans doute, je voulais qu'une partie de ma vie de femme serve de rattrapage à ma vie de fille rejetée par sa mère.

J'ai raconté le désamour de Fritna, ma mère, ma souffrance et mon obstination farouche pour la forcer à m'aimer. Jusqu'à sa mort, j'avais espéré. J'avais échoué[1].

Je n'avais donc jamais connu ce jeu fascinant de miroir auquel, enfant, j'avais rêvé. Me voir femme dans les yeux d'une autre femme, ma mère. La première semblable pour chacune d'entre nous. Cet échange unique m'avait été refusé, je m'étais convaincue que je le vivrais plus tard.

Plus tard et inversé. La mère, le repère, la source, ce serait moi. J'aurais − forcément − une fille (je n'aurais alors pas désiré d'autre enfant) et, forcément, je serais son miroir. Son apprentissage de la vie, avec moi. Son rire, ses larmes, son premier alphabet, son premier prix à l'école ou son premier chagrin d'amour, avec moi. Nous partagerions tout. Dans mon fantasme émerveillé, ma fille ne pourrait appréhender les autres et les choses de la vie que si j'en coloriais et en légendais les grands moments.

En Tunisie, dans les années 50, une fille doit s'inventer à chaque pas. S'affirmer pour ne pas se résigner, pour ne pas s'habituer («... pire qu'une âme asservie, une âme habituée...» Péguy) au rejet, à

---

1. *Cf. Fritna*, Plon, 1999 et Pocket, 2001.

Une fille !

son infériorisation traditionnelle par rapport aux garçons.

On l'a compris. Je voulais avec elle mettre à l'épreuve mon engagement féministe, lui donner ce souffle d'un avenir inconnu.

Je fonctionnais alors comme une adulte encore malade du rejet maternel. Je savais pourtant que les couples mères/filles sont presque aussi souvent antagoniques qu'idylliques. Vécus dans la violence et la rupture autant ou plus que fusionnels. Incompréhension, jalousie, autorité bafouée.

Mais j'avais mendié – en vain – un regard, un baiser, une compassion maternelle. Je devais donc réaliser – autre temps, autres partenaires – ce qui m'avait été dénié.

* *
*

« Combien pèse-t-elle ? C'est magnifique... presque ton poids à la naissance... »

Toujours trempée, toujours nue, le récepteur éloigné de l'oreille, je félicite l'heureux père. Je me sens envahie de tendresse pour ce fils aîné avec lequel rien ne fut jamais simple. Sans que l'on se l'explique, il jouait de temps à autre à l'étranger parmi les siens.

Avec cet immense cadeau, tout rentre dans l'ordre. Lui-même me dit sa fierté.

« Va te doucher, intervient Claude, je sors la voiture. »

« Je m'habille, on arrive. » En raccrochant, je res-

15

sentais une sorte de plénitude. Un accomplissement souhaité toute ma vie. Je serai donc le témoin direct, au plus près, de ce qui fabrique un individu de sexe féminin. J'ai écrit « fabrique » après avoir barré « connaître le fonctionnement d'une fille ». Je cherche les mots. Car ces expressions d'entomologiste n'expriment en rien l'éblouissement affectif qui fut le mien. Et qui referma, pour un temps, comme par magie, une souffrance avec laquelle je m'étais cependant construite. Fritna, ma mère, ne m'aimait pas. Je cherche donc les mots. Et je dis, à voix haute, « une vie de fille dans ma vie ».

* *
*

Un soir de l'automne 1991, mon fils – appelons-le « le Père » – vient dîner accompagné d'une jeune femme. Le fait n'était pas nouveau. Mère de trois garçons devenus adultes, je faisais connaissance avec leurs jeunes « fiancées » du moment. Toutes différentes, intéressantes pour la plupart, elles m'apportaient une sorte d'échantillon de la génération appelée « post-féministe ».

La post-féministe de cette soirée, jolie brune aux longs cheveux d'ébène torsadés avec grâce, à la crétoise, évoquait par son physique le Sud et ses soleils. D'ailleurs, elle l'était, du Sud. Espagnole née à Paris, fille de parents immigrés. Elle évoqua avec timidité un grand-père communiste, engagé pendant la guerre civile dans les rangs de l'armée républicaine, un père ouvrier socialiste.

Auquel, par la suite, une brève sympathie nous lia. Je le trouvais beau, avec un port de tête altier. Il plaçait souvent l'échange dans un registre supérieur. Je le revois, portant M. alors âgée de quelques mois dans ses bras, m'expliquer l'importance pour les enfants de reconstituer, avec leurs grands-parents, une sorte de tribu, apport, soulignait-il, d'une force affective et d'une approche de la réalité différente de celle des parents. «Nous leur apportons une sécurité à part», ajoutait-il quelquefois. Il mourut brusquement d'une crise cardiaque.

J'aimai d'emblée le joli maintien, le sourire seulement esquissé, la retenue de l'invitée surprise que mon fils nous amena ce soir-là.

Et, comme chaque fois, je me mis à rêver que celle-ci serait ma fille. Ou presque.

Elle revint. Elle parla davantage, surtout lorsqu'on évoquait les musées, les expositions et les livres de peinture. «Nous nous sommes connus dans une exposition», avait précisé mon fils. L'art semblait avoir créé un lien entre eux et nous la revîmes presque régulièrement.

Elle étudiait la médecine. Elle devait passer son doctorat mais le préparait avec indolence, s'indignait son «fiancé». «Elle doit travailler et réussir», avait-il décidé. Et en effet, l'année suivante, portant sa grossesse avec une légèreté réjouissante, elle réussit ses examens.

Tout alla assez vite, du moins pour nous, la famille, toujours peu informée des méandres existentiels de ces jeunes gens. Leur culture du secret traduisait – nous semblait-il – une revendication d'autonomie, de liberté. Aussi la respections-nous, va pour le secret. Nous ne posions pas de questions et attendions, après qu'ils eurent fait eux-mêmes l'événement, qu'ils nous en informent.

Mon fils avait raconté à sa belle, avec une certaine fierté, comment son enfance et son adolescence s'étaient nourries des amitiés et rencontres de sa mère et de Claude.

Souligné que le grand poète Louis Aragon et Jean Lurçat, le peintre tapissier de l'*Apocalypse* avaient été les témoins de notre mariage. Que Sartre et Simone de Beauvoir étaient des familiers des couscous que je préparais. Que Claude avait été plusieurs années secrétaire de Sartre, justement. Que son adhésion au parti communiste, il l'avait remise à Paul Eluard lui-même, le chantre de «Liberté». Il lui avait décrit «Pablito» à la haute stature et à la paupière araucane, Pablo Neruda qu'il lisait dans le texte. Et qu'il avait croisé chez nous, tenant en main le poème qu'il m'avait dédié, après mon voyage au Chili où j'avais été invitée par le président Allende. Le poète tentait ainsi d'adoucir les suites de l'accident de voiture dont j'avais été victime, à Valparaiso, sur le chemin de sa maison de coquillages.

La guerre d'Algérie et la part que j'avais prise à la défense des militants du FLN nous avaient valu de «fréquenter» les politiques. François Mitterrand, alors garde des Sceaux, avait été l'invité surprise d'une grande boum que j'avais organisée pour l'anniversaire de Claude. «Mon frère et moi, nous étions là, nous nous cachions parmi les grands. Et nous l'avons vu danser...», avait précisé mon aîné. Qui par ses lectures et sa curiosité politique avait acquis une certaine avance sur les adolescents de son âge.

Il était donc fier, je crois, de sa proximité avec des personnalités marquantes de notre société. Et de rappeler volontiers qu'Un tel lui avait recommandé d'étudier telle matière au lycée, un autre de lire tels poèmes...

Parmi les «personnalités» qui marquèrent les jeunes années de mes fils – par leur présence, leurs écrits, leur courage –, je retiendrai surtout ceux pour lesquels le devoir d'informer se confondait avec une certaine éthique : résister dans tous les cas à la raison d'Etat si elle transgresse les droits fondamentaux de la personne.

Dans les années 60, le tri s'opérait à partir de l'utilisation systématique de la torture en Algérie. Fallait-il la dénoncer ? La taire et se taire ? La justifier par l'exigence du maintien de l'ordre ? Ou la mettre en balance avec les exactions des rebelles ?

Ceux qui défendirent l'honneur – au-dessus de tous, l'ami Claude Bourdet et l'austère, l'intransigeant Hubert Beuve-Méry –, j'en avais fait des modèles pour mes fils. Et l'aîné s'en souvenait.

Rien à voir avec ce que les Américains appellent le *name dropping* (jeter dans la conversation des noms célèbres...). Mon fils voulait surtout créer une complicité intellectuelle et politique avec celle que, déjà sans doute, il avait choisie comme compagne. Et surtout comme mère de ses futurs enfants.

Cet entourage qui fut le nôtre et dans lequel grandirent mes fils illustre à merveille la thèse de Pierre Bourdieu sur «les héritiers»[1]. Thèse d'une force et d'une actualité permanentes. J'avais vécu, au foyer paternel, une enfance et une adolescence dans l'ignorance et l'inculture. Mes grands-parents, qui ne parlaient pas le français, ne lisaient pas l'arabe. Chez nous, pas un livre, pas un disque. La soumission à la religion et aux traditions judéo-arabes devait nous tenir lieu de règle de vie. Mes révoltes d'enfant et mes rêves d'émancipation d'adolescente avaient ainsi fait naître en moi une soif infinie de connaissance, une envie boulimique de lectures. Qui m'ont donné les moyens de combler ce dramatique retard, ce «fossé» insondable qui me séparait des «héritiers» de mon époque. Fils et filles de colons «latifundistes», de hauts fonctionnaires coloniaux (qui, dans le Protectorat, gravitaient dans l'orbite de la Résidence générale) ou même de «petits Blancs» installés au soleil de Tunisie, ils arrivaient sur les bancs du lycée avec une avance foudroyante sur les quelques pauvres boursiers tunisiens.

Aujourd'hui, les habitants des quartiers défavorisés, ceux de la première génération des descendants d'immigrés, souffrent forcément d'un retard

---

1. Pierre Bourdieu et Jean-Claude Passeron, *Les Héritiers, les étudiants et la culture*, Editions de Minuit, 2001.

analogue, le retard sur «les héritiers» dont mes fils faisaient bien partie.

* *
*

Innocemment, mon amie Dominique Eluard, veuve du poète[1], invitée à une soirée familiale, avait accéléré le programme.

Mon fils voulait revoir Dominique. Il se souvenait que, garçonnets, lui et son frère Kamoun allaient chez elle dans le 14ᵉ arrondissement et que sa fille Caroline faisait d'eux des séries de photos très réussies. «Elle vous parle encore d'Eluard?» nous demandait-il.

Il connaissait par cœur plusieurs de ses poèmes qu'il récitait avec son frère, en les mêlant à ceux de Claude.

Après le dîner, Dominique, touchée sans doute par la grâce de cet amour naissant, voulut son épanouissement, sa pérennité ou, en tout cas, lui donner, pensait-elle, toutes ses chances.

«Faites vite un enfant... Dépêchez-vous... Si on réfléchit trop, on hésite... et c'est moins réussi.» Cette exhortation à la procréation comme donnée immédiate d'une rencontre me sidéra. En contradiction radicale avec ce que j'avais toujours dit, plaidé, expliqué dans mes conférences – on ne peut donner la vie qu'en toute lucidité, après mûre

---

1. Dernière épouse de Paul Eluard, Dominique Eluard est décédée au printemps 2000. Nous étions très liées depuis 1958.

réflexion, cet acte engage notre responsabilité... –, Dominique entraînait les amoureux dans une voie contraire, la hâte, l'absence de toute décision approfondie. Je gardais le silence, surprise. Qu'importe! Le couple roi de la soirée – resserré, uni – avait déjà acquiescé. Le projet cimentait leurs vies. Seraient-il à la hauteur? Dominique parlait déjà de bonheur et récitait Eluard, justement.

« Il ne faut promettre/Et donner la vie/Que pour la perpétuer/Comme on perpétue une rose/En l'entourant de mains heureuses[1]... »

---

1. Ce poème est l'emblème de l'association Choisir – fondée et présidée par Simone de Beauvoir puis par moi-même – et l'illustre comme logo.

CHAPITRE II

Le monde est à M. !

12 août 1992, donc. Clinique des Bluets. Le Père et la Mère sont à l'écoute des symboles, en compagnie des gynécos communistes de l'«accouchement sans douleur». En fait, une méthode psychoprophylactique, qui permet de contrôler la sortie de l'enfant. La douleur demeure mais maîtrisée, non sans fierté d'ailleurs, par la femme.

Je ne sais pas si la Mère en est une adepte. Dans sa chambre modeste, qu'elle partage avec une autre mère, africaine, elle a peu parlé d'elle-même et accueille par consentement tacite mon couplet sur la victoire arrachée sur soi. (Je fus, en Tunisie, une pionnière de l'accouchement *dit* sans douleur.)

Je l'embrasse, émue. Je lui dois d'avoir une petite-fille. Je lui offre un bracelet ancien en or ciselé, acheté à Florence avant la naissance du Père... «Portez-le si vous l'aimez... Plus tard donnez-le-lui, à elle...»

Elle, la voilà. Elle, une petite chose au visage fripé, noiraud. Chauve, totalement chauve. Je la prends dans mes bras. Elle gigote, pleure, je la berce, je veux une photo. Elle – quelques heures – et moi – soixante-cinq ans –, nous voilà en route pour une belle histoire. Je lui susurre : «J'ai bien fait, ma belle, j'ai bien fait de rester près de toi...» Je la presse contre moi. «Oui, j'ai attendu que le monde vienne à toi, que tu viennes au monde.»

Début août, je devais me rendre à Mexico pour y diriger un séminaire à l'Université. A la date proposée, j'opposais une incertitude. J'allais être grand-mère d'un jour à l'autre, je voulais le ou la tenir dans mes bras dès ses premières heures. Le séminaire attendra, je ne veux pas qu'il ou elle commence sa vie pour moi avec un tel décalage horaire... Songez, il ou elle naîtra, outre-Atlantique, déjà chargé(e) de sept ou huit heures !

Je ne partis donc pour le Mexique que le 15 août.

Cette première photo, je l'ai fait agrandir, transformer en puzzle pour jouer avec elle. Pendant des années, en reconstituant les visages – «Comment je criais, Mamie, ma bouche toute ouverte?» –, elle me demandait de l'imiter. «Qu'est-ce que c'est quand on n'est même pas vieille, de même pas un jour, tu dis quatre heures, cinq heures, c'est quoi les heures?» Elle exigeait que sa grimace et ses hurlements de nouvelle née fussent précédés de l'histoire de la douche. «Quand Claude a dit : tu as une petite-fille, alors tu es tombée...» Il fallait préciser, une fois de plus, oui, toute nue, oui, couverte de mousse savonneuse...

Je racontais et, comme insatiable sur la manière

dont son premier souffle fit irruption dans notre univers, elle voulait tout savoir. Elle venait à nous et nous baignerions dans une autre lumière.

Claude avait dessiné une chose étrange et nébuleuse. Un oiseau qui ressemblait à un bébé, des cieux tout bleus, un étendard et sur deux lignes :

M. est au monde.
Le monde est à M.

Il s'était lancé, deux ou trois semaines avant la naissance, dans une série de compositions géométriques multicolores d'où émergeait toujours l'entrelacement d'initiales (supposées). Des initiales toujours de prénoms féminins – nous voulions forcer le sort.

Quand Claude lui montra quelques années plus tard son album, M. s'extasia. « Mais où il est le soleil, dis, où il est ?... » Elle savait déjà que Claude, un Capricorne, né dans la grisaille parisienne d'un mois de janvier, était moins épris de soleil et de conquêtes qu'elle et moi. Des Lionnes, de juillet, d'août, oui, nous sommes toutes deux des Lionnes. Mamie c'est beau, le lion, et c'est fort... Est-ce si sûr ? Les lionnes comme nous souffrent quelquefois d'un mal incurable. Celui de l'absence, de la tendresse rompue. Mais cela, c'est beaucoup plus tard. Tu ne le sais pas encore. Tu ne sais pas que tu vas disparaître de mon univers. Comme ça, disparaître... Sans que nous ayons échangé nos dernières histoires, nos dernières grimaces. Décision tombée d'en haut, d'une autorité souveraine. L'Autorité Parentale, c'est comme ça qu'on l'appelle. Coup qui peut étourdir les lionnes. Alors, au lieu de rugir, elles brament dans un cri prolongé leur désespoir, les lionnes. Mais attends, attends, le monde ne s'est ouvert à toi que depuis quelques heures, ma toute belle. Laisse-moi te regarder. Non, tu n'es pas belle, tu es chauve, très chauve même, il te faut de longs cheveux tout de suite. Un coup de baguette magique. Tu as vu? Cette coiffure à la Louise Brooks, cette frange raide et noire qui ombre tes cils immenses. Chez le coiffeur où je t'avais emmenée – tu devais avoir cinq ou six ans –, tu as montré du doigt ou d'un mot chuchoté à mon oreille ce que tu voulais. Fière, silencieuse. Déjà grande, déjà grave, déjà timide. Série de photos à l'appui. Autres photos, tu avais opté pour la queue de cheval. Puis les tresses. Aïe, aïe, démêlage ardu du dimanche matin, les petits cris et la grande brosse spéciale, elle aussi magique, douceur garantie.

*   *
*

Ce 18 janvier, anniversaire de Claude, euphorie d'un nouvel élan qui semble resserrer les liens familiaux. Un grand restaurant chinois ou thaïlandais. Une belle table, des éléphants bleus, des plats aux épices multiples.

Le Père, la Mère, Kamoun, Manu[1], Claude et moi. Toute la tribu étroitement reconstituée. Je me rappelle m'être dit, une fois encore, que le bonheur n'existait pas mais que certains instants pou-

---

1. Il s'agit de mes deux autres fils : Serge et Emmanuel.

vaient y ressembler. Et qu'il ne faut pas de tout pour faire un monde, mais du bonheur, et rien d'autre (Paul Eluard). Même en plénitude fugitive, comme ce soir-là. Le Père et ses deux frères égrènent alors la série des réjouissances. D'abord, dans un trio impeccable, synchrone, ils nous régalent d'un festival de poésie. L'auteur? Parmi leurs préférés sans doute, il aura accompagné leur enfance de ses propres vers, de ceux d'Aragon, d'Eluard. Cette poésie – celle de Claude – ne se mélange pas aux autres. Elle marque les premiers rêves, les velléités d'écriture, de création qui habitent certains adolescents. Qu'ils ont gardés en eux.

Poésie, donc, et encore poésie. Le Père sort alors un document raide et gris, genre photo, avec des bulles, des blancs, des points étranges. La première échographie. Un fœtus de quelques mois. Oui, c'était toi, M., mais sans savoir que ce serait toi. Une fille? Un garçon? Tes parents avaient décidé joliment de jouer l'attente et la surprise jusqu'au bout. Pas de révélation avant l'accouchement, avait demandé la Mère à son gynéco.

Donc c'était pour toi, mais ce n'était pas spécialement pour toi. Ce que ça veut dire? Ça veut dire que l'on fêtait l'arrivée d'un trait d'union minuscule et puissant, pour le Père et la Mère, pour tes oncles prenant leur place dans le cercle de famille.

Ta venue au monde devait, ce soir-là, conjurer la nuit, la séparation, la cruauté du monde. Pour cette fête, mes trois fils avaient joué aux réalisateurs. Ils avaient confectionné un film en vidéo, plein de gags surréalistes. Une trame inattendue, sans la moindre valeur cinématographique. Mais portée par une charge affective évidente. Une sorte de reconnaissance allégorique à Claude, qui leur avait enseigné en même temps les poèmes et l'engagement politique.

Quand verrons-nous ce film? Après le dîner, proposa le conseil de famille. Mais le sort – le mauvais sort – en décida autrement.

Arrivent les desserts, plantés de tiges crachant des feux multicolores, assemblés comme pour un défilé asiatique aux mille saris. C'est alors que Manu, très pâle, se lève. Il bredouille quelques mots, me prend le bras et s'affaisse. Un malaise. Atmosphère surchauffée. Malaise vagal, paraît-il. Et surtout ne cherchez pas à comprendre. Un vagal, ça vient, ça va, ça disparaît sans que nul puisse en identifier les causes ou en détecter la traçabilité. Et en tout cas pas les médecins. Depuis, le vagal (au pluriel des vagaux?) siffle toujours pour moi la fin de la fête.

CHAPITRE III

Tahfouna

Comment se prénommait-elle, la fille de la famille? Ses parents avaient opté pour trois prénoms. Le premier reprenait en partie le titre d'un film célèbre que les géniteurs, cinéphiles, portaient aux nues, le deuxième, à connotation biblique, évoquait un grand opéra, le troisième enfin – sans « e » final – se voulait vaguement espagnol.

Cela m'importait peu sauf que... Sauf que la tradition judéo-arabe, fortement ancrée en moi, dotait les petits-enfants des prénoms de leurs grands-parents. Et d'abord, dans l'ordre des naissances, ceux de la famille paternelle. Ainsi, fille aînée, j'héritai comme premier prénom de celui de ma grand-mère paternelle – Zeïza –, alors que mon frère aîné porta celui de mon grand-père paternel.

Tradition dont, tout iconoclaste que j'étais, j'approuvais le respect. Elle continuait les anciens et obligeait à en garder le souvenir. J'aimais assez ce moyen, même dérisoire, de faire échec à la mort et à l'oubli. La mort ne peut valoir disparition pour ceux qui aiment.

Petit pincement au cœur donc, léger et furtif, quand je découvris les prénoms choisis avec recherche pour ma petite-fille. Et l'absence du mien. Même pas en troisième ou quatrième position, personne n'en aurait rien su. Sauf moi. Que ce choix aurait définitivement comblée.

Je surmontai vite cette déception. Et comme pour mes fils, comme pour ceux que j'aimais, je trouvai vite un surnom à la belle «surprénommée». Réflexe affectif, presque immédiat et plongeant dans mes racines tunisiennes. Un surnom-prénom, un qualificatif en arabe que les garçons qui nous draguaient, adolescentes, sur l'avenue Jules-Ferry à Tunis, sous de somptueux ficus, nous lançaient à la cantonade. Nous faisions toujours le même parcours, aller-retour, serrées bras dessus bras dessous, l'une contre l'autre comme pour dire que nous étions inexpugnables. Mais, en même temps, les coups d'œil en biais, les sourires, les fous rires signifiaient le contraire.

«Eh! Toi, Tahfouna, comment tu t'appelles, oui, toi, la rose du milieu...» La rose, c'était celle qui arborait une veste ou une écharpe rose. Qui rosissait davantage, se redressait. Pensez, être sacrée à quatorze ou quinze ans la «Tahfouna» du groupe, ce n'était pas rien. Et ce n'était pourtant pas tout. Car le titre ne valait pas reconnaissance de beauté. Ni de parfaite esthétique. Pas même un hommage à un physique harmonieux. Non. Le mot exprimait un charme particulier, quelque chose d'inattendu et fort. D'indéfinissable aussi. Un attrait en rupture avec les paramètres connus. Tahfouna au charme particulier, fort... Tahfouna l'irrésistible, Tahfouna la craquante.

Ce surnom – Tahfouna – fit problème dans la famille. Le Père comme la Mère, donc l'Autorité Parentale, ne le prisaient guère. Opposition feutrée mais cependant signifiée. S'agissait-il d'un choix qu'ils ne comprenaient pas, exprimé dans une langue qu'ils connaissaient mal? Je ne le crois pas. Mais férue de pédopsychiatrie, grande lectrice de Françoise Dolto et de son école, l'Autorité Parentale avait dû, après de savantes exégèses, conclure que les grands-parents tentaient de s'approprier ainsi leur enfant, par le seul usage d'un surnom choisi par eux. Et aux développements abstraits, confus, contradictoires sur la bonne manière d'élever ses enfants, vint s'ajouter celui créé par le surnom. Qui apportait bien la preuve que les grands-parents, même les plus modernes, secrétaient, par des attitudes archaïques, une grande nocivité pour leurs petits-enfants. Elémentaire, docteur Dolto! Sauf qu'il semble aujourd'hui que les spécialistes reconsidèrent le problème. Souvent pédagogie varie...

* *
*

Tahfouna débuta très tôt dans l'espièglerie. A six ou sept mois, elle tenait à refaire certaines de mes mimiques. J'avais saisi assez vite le manège et son goût pour les grimaces souriantes dont je la gratifiais, pour mesurer ses réactions. Elle s'essayait, en plissant consciencieusement son minuscule petit front (agrandi par sa calvitie qui ne régressait guère « qu'il est mignon, ce petit garçon, me disait-on ») et en arrondissant ses lèvres comme pour me répondre. Et le jeu reprenait quand je la changeais, superposant couches et culottes...

J'allais d'émerveillement en étonnement. Je découvrais un bébé fille, après avoir langé successivement trois bébés garçons. Etait-ce dans ma tête, dans la frustration toujours ressentie de ne pas avoir de fille, cette disposition à noter en huissier sourcilleux, ce qui pouvait, dans les ruades comme dans les sourires, dans les cris comme dans les regards, différencier l'un de l'autre? Je me retrouvais souvent bredouille dans l'exercice. Rien à signaler. Vraiment rien.

Dans son landau que je poussais vers le Champ-de-Mars, elle promenait un regard badaud, yeux écarquillés, sur les gens, les voitures, les chiens. Les chiens surtout l'attiraient et l'effrayaient terriblement. Finalement, tout à fait comme un bébé garçon.

Le guignol, au Champ-de-Mars ou au Luxembourg, nous imposait un rythme rigoureux. Vite, déjeuner, vite, prendre les tickets pour la première séance (à la sortie, d'autres jeux prévus), vite, les emmitoufler l'hiver, les abreuver d'eau l'été. Vite, dans la voiture, ceintures bouclées, portes verrouillées. Vite, une fois arrivés, bousculer les autres, car,

encore petits, Tahfouna et E., son cadet, se ruaient
sur les premiers bancs. J'écris *les* emmitoufler... *les*
abreuver... car le cercle de famille, deux ans et
quatre mois après la naissance de Tahfouna, s'était
agrandi.

Le 26 décembre 1994, j'héritai (est-ce le mot
juste?) d'un petit-fils, prénommé E., comme mon
père, disparu un 26 décembre. Quand mon fils
nous l'annonça, j'eus du mal à cacher mon émotion. Prolonger ainsi l'aïeul, E. le magnifique, par
la venue au monde d'un arrière-petit-fils le dotait
du statut de l'éternité. Et la tribu, d'un supplément
d'âme. Pour l'avenir donc, Tahfouna devait compo-
ser avec l'altérité. Peu douée pour le partage, elle
voyait déjà son espace annexé en partie par son
frère. Mais n'anticipons pas...

A deux ou trois ans donc, au guignol, Tahfouna
exigeait de voir le petit Chaperon rouge sur mes
genoux. Pour enfouir sa tête dans mon épaule
quand, terrorisée, elle voyait entrer le loup.

Pliés en deux sur les petits bancs, l'estomac noué,
les genoux coincés, Claude et moi vivions l'émerveillement et les découvertes de nos petits-enfants.

A quoi ressemblait le jardin d'acclimatation, je
l'avais oublié. Etait-il le même d'ailleurs que celui
où s'ébattaient mes fils? N'y avait-on pas ajouté les
trampolines, les jeux vidéo, les innombrables
consoles, toute cette modernité à l'apparence – pour
nous – barbare?

Claude et moi devînmes imbattables sur les programmes de cinéma pour enfants. *Schrek* ou *Kirikou*,
nous connûmes les films dans tous leurs enchaîne-

ments, chaque séquence dans ses détails. Tahfouna, impérieuse, nous avait emmenés plusieurs fois les revoir. Que l'ogre vert ait pu séduire l'adorable princesse Fiona nous parut aller de soi. Comme le triomphe sur tout et tous, éléments naturels ou sorcières malfaisantes, du minuscule Kirikou. « Kirikou n'est pas grand, mais il est vaillant », chantonnait, éperdue, Tahfouna.

Je crois cependant que c'est la princesse Mononoké que nous fréquentâmes le plus assidûment. Cinq fois, dix fois, nous nous sommes aventurés dans le Japon médiéval, nous avons frémi au malheur du beau prince condamné à mort et à la recherche de la divinité (un cerf) qui le sauverait. Espéré la victoire de l'enfant louve...

Les petits sortaient du cinéma les yeux embués de rêve, et répétaient : « On veut le revoir encore... »

Nous jouions aux victimes de leurs caprices, et ils adoraient le rôle de dictateurs. Des leçons de vie données avec talent.

« Mamie Gisèle, disait d'un air docte Tahfouna, ce soir on va voir encore *Kirikou*. »

Mamie ? Mamie Gisèle ? Comment les enfants devraient-ils appeler la grand-mère paternelle ? L'Autorité Parentale hésitait.

Pour Claude, ce fut lestement tranché. « Ce sera Claude. » Elle récusa les papy, pépé et autres vocatifs qui auraient fait confusion : Claude n'était pas le père biologique du Père. Quant à moi, Mamie Gisèle, fut d'abord suggéré. Le zozotement du « Zizèle » des premières années de Tahfouna m'était si doux que je l'encourageais. La Mère me tança. «Elle risque de garder toujours ce défaut de prononciation.» Alors on abrégea Ce fut «Mamie, même si je suggérais de temps à autre un Zizèle *mezza voce.*

«Il n'y aura pas de confusion, m'expliqua la Mère. Ma mère, ils l'appelleront Amama» (je crois). Je ne sais plus à quelle référence espagnole ce mot s'accrochait. Va pour Amama. Va pour Mamie. Bien que choisi sans doute pour sa grande banalité, sans doute aussi pour contraindre à l'ordinaire la relation, ce Mamie me convint, me chanta pendant des années aux oreilles et au cœur.

Ainsi, M. la charmeuse régna sur nous en souveraine absolue, unique, incontestée. Je revois, je ressens encore certains de ses regards qu'elle allait puiser dans je ne sais quels abîmes, pour m'en envelopper inexorablement.

CHAPITRE IV

Guenaïdel ou le douar familial

Le notaire de Taulignan, Mᵉ Gérard E., rédige l'acte de vente. Il se fait répéter le mot. « Comment vous dites, comment vous l'appelez, la propriété ? » Hésite sur l'orthographe. Perplexe, il tente un « ce doit être un nom breton ? », vérifie qu'il n'a pas fait d'erreur.

Guenaïdel, en hébreu, voudrait dire « le Paradis ». Du moins, E., mon père, l'avait-il ainsi décidé. En bon mécréant (aux yeux de ma mère la sainte femme, fille de rabbin), il ne savait ni lire ni écrire l'hébreu. Il gardait cependant des souvenirs phonétiques de certaines prières juives. Et sa référence pour dire sa joie, son contentement, sa jouissance de bon vivant, empruntait, selon lui, à la religion. Un hôtel avec vue, une balade dans les champs, un repas gastronomique : « Guenaïdel ! Guenaïdel, ici. » Le paradis.

Nous nous en amusions entre nous, enfants, en le singeant malicieusement : « Ma parole, c'est un vrai Guenaïdel, viens voir ! »

Puisque famille il y avait et, ai-je pensé, il y aurait

36

de plus en plus, l'envie me vint de lui trouver une sorte de havre. En vacances ou en RTT, à Noël ou à Pâques, en fugues d'écriture ou en besoin de solitude, nous y viendrions, tantôt en tribu réunie, tantôt en petit groupe, goûter l'éloignement de la grande ville. Décision prise. Chasse donc à l'objet rare aux multiples exigences. Une grande maison, bien disposée, permettant à chacun – mes fils, Claude et moi – de s'installer dans un « territoire » à soi et aussi indépendant que possible. De l'espace et aussi de la chlorophylle, des arbres, un coin de nature. Mais une nature qui ne serait pas ensoleillée ne me serait pas naturelle. Donc dans le Sud. Et puis d'accès facile : train ou voiture. Kamoun et Manu avaient insisté : « Nous ne voulons pas être contraints de prendre un avion ! »

Nanti de ces paramètres disparates, Claude, accompagné de deux de nos fils, écuma le Midi. Comme souvent, procès, conférences et écriture me rendaient indisponible pour de telles recherches. La Côte d'Azur avait été éliminée avant la première équipée. Les embouteillages, les plages surpeuplées, le coût... Les éclaireurs passèrent vite au Lubéron, aussi rapidement rayé de la liste : trop parisien. Et atterrirent dans la Drôme, au sud de Montélimar. La Drôme provençale. Bien que, depuis douze ans, les gens du Nord – traduisez Belges, Néerlandais, Britanniques – y prennent de plus en plus leurs aises, les routes continuent de cheminer avec sérénité entre les vignes. Les champs de tournesols (on les appelle aussi des soleils) semblent attendre Van Gogh, et la lavande, qui n'est pas bleue mais mauve, embaume en juillet. En même temps qu'elle donne au paysage ses titres de noblesse. Bref le pays m'enchanta.

Un vieux mas du XVIIIe siècle, aux murs épais, avec trois bâtiments en fer à cheval autour d'une cour au milieu de laquelle s'élevait un petit pin, tel fut l'objet de mon coup de foudre. Des chambres à l'étage, un vaste grenier (devenu le domaine de Manu), une salle à manger à voûtes, plutôt austère, le tout entouré d'un hectare et demi de verdure. En contrebas, un petit ruisseau, le Lez, dont nous sûmes un peu plus tard qu'il pouvait charrier des trombes d'eau apocalyptiques et causer de graves inondations. Les niveaux différents des chambres, d'une architecture plaisante, garantissaient l'indépendance des occupants. Au point qu'il est difficile de se parler d'un point à un autre sans téléphone. A mi-niveau, entre le «territoire des vieux» – le bureau de Claude et ma «chambre à soi» à moi – et l'appartement de ses parents, Tahfouna. Une petite chambre où j'avais accroché les papillons et les oiseaux géants en métal coloré que j'avais rapportés du Mexique. Claude y plaça une relique : son petit bureau d'écolier.

Donnée immédiate de ma conscience, je sus que j'installerais notre douar familial dans ce coin de la Drôme, à Taulignan. Dès ma première visite. Une maison pour notre tribu. En même temps, pour qu'il fût totalement familial, chacun en aurait sa part et tous le posséderaient en entier. D'où ma décision d'en faire une donation à mes fils, en deux étapes successives.

Guenaïdel a l'âge de Tahfouna. Nous l'avons choisi en juin, acheté en septembre 1992, et toujours occupé à tour de rôle ou ensemble. Nous y fêtions la fin de l'année jusqu'en 1999. Ma sœur Gaby et son mari nous rejoignaient et, en guise de dinde traditionnelle aux marrons, Gaby et moi confectionnions un couscous roulé à la main avec ses boulettes, selon la tradition tunisienne. Petits et grands se régalaient. L'hiver, autour d'une grande cheminée que Claude, infatigable, alimentait, nous jouions aux cartes, à la «schkoppe», au whist, au Scrabble, à la grande joie des enfants.

*   *
*

Dès que M. se tint sur ses jambes (nous la suivions pas à pas, les nombreux escaliers de pierre nous terrifiaient), elle fit de Guenaïdel son territoire. Elle l'appelait «la campagne» et disait : «Je veux aller avec toi à la campagne.» Elle n'en finissait pas d'explorer les lieux.

Je me souviens d'elle à deux ans, un été que nous l'avions seule avec nous, puis avec son frère, comme tous les mois de juillet jusqu'en 2000. J'avais terminé le livre que j'écrivais alors par deux pages. «Elle, c'est M. Je l'ai appelée très vite Tahfouna.» Je tentais de dire combien son éveil à la nature, à la vie, me bouleversait. «Il m'a toujours manqué une fille dans mon univers quotidien. Et enfin la voilà, si brune, aux yeux si profonds, si profondément noirs, aux cheveux fins, au teint si mat : M. qui répète ces bribes de phrases et toutes les autres, tendre perroquet, à la recherche goulue de nouveaux mots – sans doute les enfants de cet âge voient-ils les mots en forme et en couleurs, d'où leur volupté à s'entendre les dire, à se les approprier, comme des jouets uniques. M., dans ces périples cascadeurs le long des escaliers et dans la cour de notre grande maison de la Drôme provençale.

« C'est sa maison surtout, plus qu'à tout autre, puisqu'elle est nôtre depuis sa naissance... M. que, l'été dernier, j'emmenais tous les matins réveiller les poires, les kakis, les amandes, les figues, les olives du verger. Et dire au revoir aux bateaux – des branches de bois mort lancées de toute la force de son petit bras dans le cours du Lez, modeste ruisseau aujourd'hui coulant le long des lavandes, torrent dévastateur un hiver, qui s'engouffra jusque dans les rues médiévales de Bollène. M. qui écoute l'eau chanter sur les galets, comme elle écoute, fascinée, la mer, en collant de gros coquillages à son oreille. Comme elle écoute à l'infini, demande, redemande le récit de sa minuscule vie passée, dans tous ses détails : "Hier, Tahfouna a poussé sa voiture jusqu'au monastère. Hier, M. a entendu le coq." M. qui retient son souffle et bat plus fort de ses cils d'une grâce unique pour dire "Mamie" et son bonheur de s'accrocher aux repères de l'univers des grands.

« M. lovée sensuellement au fond de mon grand fauteuil d'osier à bascule "Emmanuelle", et chantonnant, dans un murmure, le regard embué de rêve et d'ombre, presque absente, M. qui se plie avec une joie renouvelée tous les jours au rite du petit déjeuner pris côte à côte dans mon grand lit, adossée à une montagne d'oreillers, M. qui soudain repousse la tasse : "Non!" et exige ses "souyiers" et qui, aussitôt chaussée, s'agrippe à la rampe de fer et court vers les champs, en revient bientôt, rose de la splendeur de l'été, pour me tirer hors du lit.

« M. ou ma vive, M. ou la vie de tous ces matins du monde. M. ou l'impatience fulgurante de ses yeux de jais. Ma tendre, mon impérieuse, ma lumineuse, qui a pris place, avec force, dans ma vie, il y a deux ans.

« M. qui aura vingt ans en l'an 2012, dans un monde déjà modelé par nous pour sa liberté[1]. »

* *
*

Sa « maison », comme disait Tahfouna, où la situait-elle exactement? Chez ses parents, dans son foyer naturel? Chez nous, dans notre appartement du 7ᵉ arrondissement? Ou encore à « la campagne » qu'elle aimait tant, à Taulignan? M. mélangeait tous ces lieux dans une seule volonté, toujours la même. « Je voudrais une seule maison, avec mes parents et avec vous deux, toi et Claude. » Elle s'entêtait dans ce leitmotiv, au grand embarras de tous. Quand, à la fin du week-end qu'elle avait passé,

---

1. *Une embellie perdue*, Gallimard, 1995.

41

comme d'habitude, avec nous, ses parents venaient la chercher, elle refusait souvent de les suivre. «Retour au bercail», disaient-ils. Mais elle ignorait le sens de ce mot. «Pourquoi y a deux maisons?», demandait-elle. Nous la raisonnions, la sortions de dessous la table où elle s'était cachée, comptions sur ses petits doigts – 1, 2, 3, 4 et 5 – les jours qui nous séparaient du prochain week-end, l'accompagnions jusque dans l'ascenseur, oui, ma douce, on se téléphonera tous les jours, derniers baisers, regards humides, vite, bouton pour la descente, ça y est elle est repartie.

Nous entamions un nouveau cycle : départ, attente, retour.

CHAPITRE V

L'arbre de vie

J'ai pris l'habitude, il y a une dizaine d'années, de coller sur les couvertures de mes agendas des cartes postales de musées. Ainsi, cette année, recto Nicolas de Staël, et verso Matisse. Depuis toujours je trouvais la reliure de ces agendas d'une grande laideur. Je les avais donc « décorés ». D'un dessin, d'un paysage, d'une carte postale...

Ce jour de 2002, je venais de recouvrir le recto d'une Tahfouna radieuse (une photo prise à Rome) et le verso d'un E., mon petit-fils et son regard mordoré. Soudain, je ne supportais plus de les voir ainsi, matin et soir, me sourire, me fixer, me dire du regard l'attente heureuse du prochain week-end. Et de ne plus les avoir dans ma vie. Ils avaient disparu, une disparition brutale, meurtrière. Comment, pourquoi, je le dirai. Mais ce matin-là, j'ai craqué. Plus de photos aussi accessibles, aussi parlantes, aussi présentes jour après jour, dans mon agenda. Décollées à la va-vite, j'hésitai un instant. Non, non, pas la corbeille à papiers !

Je les jetai au fond d'un tiroir plein de vieux gants et de rubans inutilisables.

* *
*

Flash-back...

Dès sa naissance, Tahfouna nous inonda de ses portraits. Pour nous, ses photographes attitrés, une cible privilégiée.

Des sacs de sourires, de pas hésitants, de rires enroulés à une bouée, de départs sportifs sur un deux-roues... J'y puisais quelques photos parmi mes préférées et les arborais pile et face sur la couverture de mon agenda. Tant que nous n'avions pas encore E., c'est-à-dire pendant près de trois ans.

E., mon petit-fils, je le trouvais beau, avec un physique aristocratique que personne, dans la famille, ne possédait. Une façon aussi d'observer en silence, un maintien distancié, étonnant pour l'enfance. Je l'appelai Petit Prince, et il porta naturellement cette noblesse dont je l'avais gratifié.

Quand il agrandit le cercle de la tribu, Tahfouna dut lui céder la quatrième de l'agenda.

Sa photo prit la place de celle de l'aînée.

Et c'est ainsi, jusqu'à cette année 2002, que mes deux petits-enfants m'accompagnèrent à mon cabinet, en voyage, au Palais de justice, partout. Avec mon agenda.

* *
*

Je regarde et compulse quelques-uns de ces agendas. 1998. Sur la « une » de couverture, une photo que j'avais composée, mise en scène à Taulignan. Tableau biblique : Adam chassé du paradis. Tenté et entraîné au péché par deux Eve. Le tout sous un pommier regorgeant de pommes rouges, dans le pré étincelant de l'été. Premier personnage : Adam, E., nu comme il se doit, la quéquette exposée. Les deux tentatrices, belles et diaboliques, comme il se doit aussi. Tahfouna, six ans, et sa copine depuis toujours, Anaïs, cinq ans, fille de mon employée de maison, Manuela.

M. et Anaïs font donc les deux Eve. Anaïs, à la beauté sombre, nous la surnommions Naomi (Campbell).

Nues et lascives, les tentatrices tendent chacune une pomme à un Adam pur et désorienté. Adam innocent, hésitant, un demi-sourire aux lèvres, tend la main – ô tragédie de l'humanité – vers une des pommes convoitées.

Les enfants avaient répété deux ou trois fois dans un concert de fous rires et de batailles de pommes. Je leur avais raconté l'histoire. Autres fous rires. « Pourquoi c'est un péché de manger une pomme ? » Ma Tahfouna osa même demander pourquoi c'était la faute des filles : « Il avait qu'à pas la manger... »

Cette même année, en page deux de l'agenda, E. surpris par la photographe (moi) alors qu'il tentait de franchir la grille de la maison drômoise pour courir dans l'herbe. Et en quatrième, elle, toujours elle, Tahfouna la lumineuse, habillée seulement de

multiples colliers – colifichets qu'elle m'avait déro-
bés, se balançant dans mon grand fauteuil.

* *
*

En ce jour de 2002, je tentai de tamiser, de voiler
le mal. D'inventer une absence pour désarmer l'Absence. Un silence pour cacher la blessure. J'ai rangé
toutes les photos, partout, nombreuses. J'ai décro-
ché les dessins que nous avions fait encadrer. Mon
petit-fils avait souligné de gris et rose un cœur
immense, partagé en deux, colorié avec soin. Tout
en bas, laborieusement écrit : «Pour Mamie et
Claude que j'aime», suivait la date. Le dessin de
Tahfouna, dans ma chambre, représentait un paysage très réussi. Maison dont la cheminée fumait,
portes, fenêtres en nombre (signes d'ouverture
selon les psys?), un ciel délicat tout en nuances, les
nuages roses que nous avons vus en Tunisie dans le
désert, précisait-elle.
D'une écriture appliquée, Tahfouna m'avait
dédié l'œuvre. «Pour Mamie, que j'adore...» Les
deux dessins que j'avais choisis, Claude les avait fait
encadrer et les avait accrochés au mur de ma
chambre, à côté d'un masque vénitien, cadeau
d'anniversaire de mes trois fils. Que, malgré son
ancienneté et sa fragilité, malgré son prix, malgré
mes molles protestations – «c'est ancien, c'est un
truc de théâtre, il coûte une fortune!» – mes petits-
enfants s'obstinaient à décrocher pour se déguiser.
Dès que Tahfouna sut, de la main gauche (être

gauchère avait semblé au début lui poser un problème de singularité, mais avec beaucoup de tact et
de savoir-faire, ses parents l'avaient «normalisée»),
tenir un crayon, elle se mit à dessiner. Et le Petit
Prince alla sur ses traces.

Le tout sous la conduite de Claude qui s'asseyait
à son bureau et leur fournissait alors papier,
Stabilos, marqueurs au gros trait. Il ne manquait
jamais d'apporter la nouveauté en matière d'instru-
ments, de renouveler les stocks... Tahfouna et Petit
Prince l'entouraient, debout, l'un à sa droite,
l'autre à sa gauche. Depuis la pièce voisine, je les
entendais piailler, puis le silence se faisait, de temps
en temps une bagarre – «Tu as copié mon dessin...
Rends-moi le feutre jaune» –, quelques cris. Claude
arbitrait et, vite repris par l'invention des enfants et
le désir d'y donner forme, il imposait de nouveau
un calme studieux. Puis il jugeait, en artiste. Très
doué, en effet, pour les arts plastiques, Claude
aimait ces matinées d'inventivité et de tendresse.

J'ai gardé plusieurs centaines de dessins de nos
petits-enfants durant une dizaine d'années. Ils pre-
naient soin de les dater avant de les dédier à
Claude, à Mamie, à leurs parents, à Mylène ma
secrétaire... Par leur trait, on suit l'avancée de l'enfant, la diversité de son imaginaire, la modification
du goût, du style, du choix enrichi chaque année
d'une touche de maturité. Les dessins, pris dans
leur continuité, révèlent plus sur la personnalité
d'un enfant et son évolution (progressive ou régres-
sive) que les écrits les plus savants.

Ainsi, un jour, la maîtresse d'école de M. demanda

à chaque élève d'illustrer son arbre généalogique par les portraits de ses proches.

Le week-end suivant, M. nous apporta son dessin. Grave, elle nous le mit sous les yeux sans un mot.

Un tronc d'arbre – écaillé, gris et bleu – qui s'évase vers des hautes branches d'un vert luxuriant. S'y balancent des photos en médaillons. Au creux du tronc, le sourire épanoui de ma petite-fille (photo que j'avais prise). Au-dessus, à droite et à gauche, ses parents. Au-dessus du père, Claude, dans la position qu'elle avait exigée de lui pour la photo, à cheval sur une baleine-bouée. Tout en haut, enchâssée dans le creux des branches, « Mamie Gisèle ». Elle l'avait écrit en jolis caractères bleus, presque à l'anglaise, comme elle avait indiqué « Claude » en légende de la baleine ployant sous le poids. Enfin, à droite, en contrebas de sa propre photo, Tahfouna avait collé la frimousse poupine de son frère et avait noté, consciencieusement, son prénom.

Resserré comme un îlot, cet arbre exprimait son univers affectif. Celui d'une gamine de sept ans qui plante, avec intensité, ses vrais repères. En gros plan, elle soulignait l'amour quasi fusionnel qu'elle nous portait.

* *
*

Pendant ces séances « artistiques », je rangeais la chambre mitoyenne, terminais ma toilette, faisais couler enfin le bain. Leur bain. Je le voulais

48

agréable, ludique, parfumé. D'abord quelques gouttes de lavande pure, celle de Guenaïdel, de « la propriété ».

Surtout ne pas dépasser la dose car le parfum qui embaumait tout l'étage pouvait se révéler âcre en trop grande quantité. Puis les mousses. De toutes sortes. Tahfouna était venue les choisir avec moi à la parapharmacie du coin. Ce jour-là, on délaissa la vanille pour la pomme verte.

Quand tout était prêt, quand la baignoire exhalait les parfums, le jeu commençait :

— Tahfouna, Petit Prince, vite, enlevez vos pyjamas, au bain...

— Non, Mamie, j'ai pas fini... Encore un peu, s'il te plaît, Mamie.

— D'accord, combien de temps ?

— Sept minutes !

— Non, huit, reprenait le Petit Prince en retard dans son œuvre.

— Exclu ! » Je jouais la fermeté, ce qu'ils attendaient.

— Deux minutes, pas plus !

— Oh, non, Mamie, je t'en prie, six minutes, alors ça va...

— Trois, je n'irai pas plus loin, les enfants...

Mais ils savaient, c'était une des règles du marchandage, que justement, ils m'emmèneraient plus loin.

— Quatre minutes, c'est promis, Mamie, pas plus.

— Promis, promis, reprenait en écho Petit Prince.

Je faisais mine de réfléchir, d'hésiter. Moment délicieux, un bonheur frémissant rosissait leurs frimousses. Tout allait se jouer alors que tout était joué.

— D'accord.» Je me faisais solennelle. «Mais pas une seconde de plus.

— Wouah! hurlaient-ils.

Tout cela ne les empêchait guère, le sursis écoulé, d'en réclamer un autre :

— Une petite, une toute petite minute, une minute cadeau.»

Même scénario, troisième sursis. J'indiquais alors que ce serait cette fois-ci «la parole», c'est-à-dire l'engagement auquel nul ne pouvait déroger. «Une promesse, si on n'est pas sûr de la tenir, il ne faut pas la faire.»

Le marché se concluait plus difficilement quand, bardés d'écouteurs, ils manipulaient les touches de leurs jeux vidéo portatifs, le regard ailleurs.

Plus jeunes, je leur donnais leur bain le soir, après les avoir ramenés de chez eux, ou plus tard de la maternelle, ou plus tard encore de l'école communale de leur arrondissement. Dans la grande baignoire, Tahfouna et Petit Prince se fabriquaient des barbes, des costumes, des cache-sexe avec la mousse si abondante qu'elle en devenait ferme. Taquineries, disputes.

Pendant leurs ébats, je m'asseyais auprès d'eux sur un tabouret. Ils voulaient des histoires, ils les exigeaient. Leur préférée restait le sketch de la gardienne du Champ-de-Mars (qui n'a jamais eu de gardien, ni de gardienne, on le sait).

Je l'avais inventé car il me permettait d'évoquer des lieux parfaitement connus d'eux en même temps qu'il caricaturait la violence du bavardage des solitaires qui s'ennuient. Tout se passait au téléphone (je tenais d'une main un téléphone imaginaire) : «Allô, madame la gardienne? Je cherche Tahfouna et Petit Prince.» Puis, comme quelqu'un d'interrompu dans sa phrase : «Oui, il fait beau, madame la gardienne, mais mes petits-enfants, ils étaient sur le sable, près du manège et...» Nouvelle interruption, nouvelles mimiques, nouvelles fortes respirations. «Je voudrais dire...» Mais la voix de la gardienne, censée couvrir la mienne, coupait à tout moment mon discours...

Ces récits, que les enfants suivaient par mes propos – «Oui, je comprends, vous n'êtes pas assez payée...», «Vous ne mangez que des sandwichs, tous les jours, c'est triste...» – tissaient leur mémoire et enrichissaient leur imaginaire. Le personnage ressemblait à celui d'une de leurs bandes dessinées, une sorte de Mme Casse-pieds, et ils finissaient par inventer eux-mêmes ses discours. Renouvelé chaque semaine depuis plusieurs années, le *one woman show* auquel je me livrais pour eux ne les lassait pas. Le contenu des récriminations, lui, évoluait avec le temps et s'enrichissait des lectures de Tahfouna et Petit Prince. En particulier au moment où leur vocabulaire s'orienta vers le sexuel : «Ses seins, ils sont trop gros, dis-lui, Mamie...» ou : «Elle a vu le zizi du gardien...» Mais sans conséquence particulière, nous nous gardions bien de faire barrage ou de censurer.

Quand une voisine ou une commerçante du quartier s'extasiait sur les chers petits, arrimés à chacune de mes mains, ou monologuait sur la fin des saisons et le marasme économique ambiant, Tahfouna souriait en coin : «Elle est comme la gar dienne du Champ-de-Mars... »

CHAPITRE VI

Le désert tunisien

Je ne saurais l'expliquer avec rigueur. J'ai toujours voulu que mes fils et plus tard mes petits-enfants gardent en eux la marque de leurs origines, lieux et ancêtres. Pas question, d'évidence, de pratiquer un culte, d'exhiber des signes ou d'user d'un langage ésotérique. Ni même de faire valoir une différence. Je tenais seulement à ce que ces traces invisibles, semblables au rêve de l'avant, façonnent en chacun d'entre eux une sorte de pré-réalité.

Ces traces révèlent en nous, d'une certaine façon, un besoin d'authenticité. Réussir l'osmose entre ses origines et sa culture d'adoption n'est pas seulement source de richesse, de diversité, d'ouverture de la pensée. Elle oblige aussi à vivre autrement, par la synthèse de vérités multiples.

A condition de ne pas avancer masqué.

Mes fils, puis plus tard mes petits-enfants, je les ai bercés d'histoires puisées dans la tradition et dans le folklore tunisien. Celle de Schah, ce Gribouille « indigène » qui, par exemple, achetait une mesure d'huile d'olive. L'épicier avait rempli le récipient, un bol. Il en restait quelque peu. Schah – à malin, malin et demi, je ne laisserai pas ce commerçant me rouler et garder ce dé à coudre d'huile que j'ai payé... – avait alors une idée. A défaut d'autre récipient. Il renversait le bol déjà plein et, content de lui, disait à l'épicier : «L'huile qui reste, tu la mets là.» Tahfouna et Petit Prince, à ce moment, hurlent : «Trop drôle, Mamie! Il est génial, ce Schah!» «Là», c'était le pied du bol qui présentait un petit creux. Ce même Schah qui, lorsqu'on lui demandait de montrer son oreille (Tahfouna s'ingéniait alors à faire le geste dans une contorsion difficile), touchait avec son bras droit, passé derrière son cou, son oreille gauche.

Pour fournir mon stock d'histoires du «pays», je puisais souvent dans celles qu'E. le Magicien, mon père, avait racontées à mes trois fils.

Histoires au pouvoir particulier puisqu'il s'était exercé avec force, avant eux, sur la précédente génération. Mes petits-enfants revivaient ainsi, à travers ces contes, l'émerveillement de leur père à leur âge. «Raconte, Mamie, raconte Santakaramustapha.» Dix fois, cinquante, cent, peut-être, je déroule le film, décris le trio. E., le pépé unique de tendresse et de fantaisie, tenant par la main ses deux petits-fils, le Père et Kamoun. Nous sommes à Nice, lieu lumineux de certains de leurs souvenirs de vacances chez Fritna, ma mère, et E., mon père. E. se dirige d'un pas décidé vers l'hôtel Negresco, ce palace de la promenade des Anglais. Entre, toujours d'un pas décidé, avec les enfants, dans le vaste hall. Interpelle, avec une certaine hauteur, un employé de la réception «M. Santakaramustapha, s'il vous plaît : il est arrivé hier.» L'employé s'empresse, s'affaire. Il vérifie les listes d'hôtes. «Il est arrivé hier, monsieur?» E. répond à peine. De mauvaise humeur : «Oui, je l'ai déjà dit», comme tous ces Grands que les questions, les précisions agacent : «Hier, oui...» L'employé s'agite, mal à l'aise, il n'a pas ce nom : «Monsieur Santakaramustapha, n'est-ce pas?» Comme il a hésité pour prononcer ce nom, E. reprend : «Oui, Santakaramustapha. Avec un S.» Les petits, excités, sont assez fiers de leur grand-père, qui les tient fermement par la main. E. ne les lâche pas. La scène dure, il a très bien rodé le numéro du mécontentement des Grands. «Vous m'étonnez, il m'a confirmé hier son arrivée à l'hôtel.» Et au préposé qui se confondait en excuses : «Peut-être arrivera-t-il aujourd'hui, voulez-vous lui laisser un message?», mon père lâchait du bout des lèvres : «Inutile... Nous repasserons, vérifiez bien quand même : avec un S...», et entraînait mes fils vers la sortie.

Il leur propose alors d'aller à la gare. Santakaramustapha pourrait arriver aujourd'hui qui sait? Ils y courent, traînant presque leur grand-père. Impatients de rencontrer cet homme qui connaît des tours de magie comme au cirque et peut sauter d'un bord de la promenade dans la mer sans effleurer le sable de la plage.

Mon père l'avait surtout doté d'un pouvoir particulier : évoquer dans ses récits innombrables la Tunisie, ses paysages, la fascination des oasis du Sud et aussi la vie de son peuple. Les fellahs surveillant leurs oliviers, les femmes roulant le grain de couscous. Costumes, dialogues, mimiques, rien de ce qui était tunisien n'était étranger à M. Santakaramustapha.

«Nos oueds, ils manquent parfois d'eau, mais ils charrient notre histoire», avait brusquement asséné un jour le conteur. Allusion indignée aux propos d'un ministre de la République[1].

Au gré des occasions et de ses humeurs, il enrichissait le répertoire de son ami Santakaramustapha.

Lequel, ce jour-là, n'arrive toujours pas. Après la halte au Negresco, on l'attend cependant de pied ferme, à la gare. Mon père a vérifié le quai, les enfants assis sagement sur un banc guettent l'arrivée du train. Ce quai est le bon. Santakaramustapha doit arriver ici. Le temps passe, les trains aussi. Pas de Santakaramustapha. Il n'arrivera pas aujourd'hui, il faut se rendre à l'évidence. Quand le pépé lève le siège – «Il a dû manquer son train» –, l'air contrarié, – «Peut-être d'autres enfants ont voulu le garder, il est tellement drôle!» –, les petits sont à peine déçus. «On reviendra dans quelques jours, on va téléphoner...» Ils s'étaient pris au jeu, ils savaient que leur grand-père, en attendant, leur apprendrait quelques tours et déviderait de nouvelles histoires extraordinaires. Et puis, il serait sûrement avec nous aux prochaines vacances, ce M. Santakara-

1. «Ces oueds qui n'ont ni eau ni histoire» : propos qui auraient été tenus par Georges Bidault, alors ministre des Affaires étrangères.

mustapha qu'on ratait régulièrement. Le bonheur était dans l'attente.

Tahfouna et Petit Prince, éblouis, se représentaient le Père, en enfant, comme eux. Serrant la main de leur papy, comme eux. Avide d'imaginaire et de trucs, comme eux.

* *
*

« Moi, la Tunisie, je la connais... et je l'ai vue par le trou du ventre de ma maman. » Tahfouna se pavane, espère impressionner son entourage. A quatre ans, déjà, elle veut dominer, être l'unique. « Oui, j'étais dans le ventre de ma maman... »

En février 1992, j'eus l'idée d'un voyage en Tunisie avec mes trois fils et la Mère pour qu'elle connaisse le pays d'origine de son compagnon. Mes amis tunisiens nous proposèrent un périple intéressant. Le désert d'abord, pour oublier les frimas parisiens, puis remontée en voiture jusqu'à Tunis. Jusqu'à La Goulette, près de Carthage, mon lieu de naissance. Arrivée directe à Tozeur, donc dans l'oasis. Dès le lendemain, visite des oasis dites suspendues.

Suspendues en hauteur aux flancs de superbes canyons ocres, Chebika, Midès, Tamerza. De loin des taches de verdure accrochées à la montagne. A Tamerza, au-dessus de la cité morte et de ses ruines, la ville moderne s'étale sur un balcon qui domine toute la plaine. Les lumières, les contrastes, les siècles emmêlés créent, en plein désert, un paysage unique.

Après quelques bains héroïques des garçons dans une piscine à seize degrés, nous mettons le cap sur la ville sainte de Kairouan. Puis Sousse et Monastir. Enfin Carthage et Tunis. Dix jours d'une proximité heureuse. Je me sentais investie du rôle de la patriarche, de la guide. En même temps, pour la première fois, une jeune femme – la Mère – faisait son entrée dans mon cercle, belle et émouvante dans sa façon de vivre tout naturellement sa grossesse. Ne prenait-elle aucun risque dans cette traversée en voiture de la Tunisie, du sud au nord? J'avais posé la question. Mais à part une soirée où elle déclara forfait – et je demeurai à l'hôtel avec elle après le départ du groupe des «hommes» –, elle fut de toutes les découvertes et de toutes les escapades. «Pendant ce temps je regardais par le trou», répétait sans cesse Tahfouna à son petit frère qu'elle accablait en assurant : «Moi, j'ai connu la Tunisie... Pas toi...»

Jusqu'à ce fameux passage du siècle. Et du millénaire. L'an 2000. Vous vous souvenez, les médias, les annonces répétitives jusqu'à l'obsessionnel, la tour Eiffel comme un immense calendrier, moins... dix jours, moins... neuf jours, les prédictions d'apocalypse ou l'accueil d'un autre monde, une planète X... Bref, on était en décembre 1999 et le monde – le nôtre – s'excitait. Les récits les plus fous circulaient sur les projets des uns et des autres. Aller à l'autre bout de la Terre (pour les privilégiés) contrarier l'événement par le décalage horaire ou, à tout le moins, le mettre en question, ou au contraire se réunir chez soi, s'enfermer, pour commenter l'événement, hors de la fièvre commune. Il fallait en tout cas fuir un Paris livré au bruit et à la fureur pour cette Saint-Sylvestre pourtant comme les autres.

Jusque-là, je l'ai dit, nous nous retrouvions au paradis, traduisez à Guenaïdel ou Taulignan, dans notre ferme, trapue et vaste. Claude y avait fait installer un chauffage omniprésent dans toutes les chambres, repeindre de chaux blanche les murs, mettre les chauffe-eau qui manquaient. Un confort certes rustique mais agréable et, en tout cas, suffisant. Nuits ouatées et silencieuses, matins verts dans les champs et au bord du Lez, couscous et champagne pour les douze coups de minuit : la tribu des trois générations y trouvait son compte. Plaisir et liberté.

Mais cet éloignement relatif d'avec Paris nous garantirait-il le calme ordinaire dont nous rêvions? Nous en doutions, pour ce passage à l'an 2000, dont on faisait l'événement.

Je proposais alors à la famille de fuir dans le désert – tunisien, évidemment! De nous fondre dans le soleil et la paix. La Tunisie et moi les invitions.

Paris-Tozeur. Départ le 27 décembre, retour le lundi suivant, le premier du millénaire.

Une petite semaine dans l'oasis de Nefta, au creux même de la cuvette d'où s'élance, à fleur de sable, la forêt de palmes.

Notre hôtel se fondait dans les dunes couleur du

désert. Une architecture de rêve. De loin, le bâtiment d'abord invisible ressemblait de plus en plus à un mirage venant à notre rencontre. De l'intérieur, la vue de la mer de sable suggérait des nappes d'eau bleue pareilles à des lacs. Et, la nuit, les étoiles s'accrochaient aux cimes vertes des palmiers. Mirages, mirages.

Tahfouna déclara dès notre arrivée qu'elle dormirait avec Mamie Gisèle et Claude.

Je compris vite que cette décision agaçait. L'Autorité Parentale avait prévu qu'elle logerait avec ses deux enfants dans l'appartement qui lui était réservé. En même temps qu'elle révélait le fort élan affectif – trop fort? – d'une petite-fille pour ses grands-parents, cette proximité revendiquée cassait l'ordre décidé par les parents. J'aurais dû refuser, je le sais, convaincre ma petite-fille qu'elle ne devait pas me suivre mais se joindre à son frère. Je l'avoue, je fus incapable de cet héroïsme. Me priver pendant une semaine de la présence en continu de l'objet de ma passion me sembla hors de propos. La sagesse ne fut jamais mon fort.

D'autant que cet objet – Tahfouna – avait glissé sa main dans la mienne et s'y accrochait fermement.

Dans la petite chambre attenante à la nôtre, mademoiselle serait à l'aise. Le Petit Prince quant à lui disposait de l'autre chambre qui communiquait avec celle des parents. Kamoun et Manu s'étaient déjà installés pour vite retrouver les dunes.

Tahfouna, dès le petit déjeuner, collait ses yeux

brumeux sur les fenêtres-lucarnes de la chambre. Elle voyait de l'eau partout depuis que je lui avais expliqué les mirages. Elle bavardait, riait, s'extasiait, allait de l'un à l'autre, câline, heureuse. Heureuse par le seul fait d'exister, là, avec nous. La famille – qui pour elle englobait forcément parents et grands-parents – enfin réunie sous le même toit, dans la Tunisie mythique, celle de sa Mamie, du Père, de Tonton K. (qu'elle appelait joliment Tonton Kaboul...) devenue aussi la sienne.

Et en route pour les oasis suspendues, découvertes à chaque équipée.

Je rappelai à Tahfouna que même par le petit trou du ventre de sa mère, lors de notre précédente escapade tunisienne, elle avait manqué ce spectacle unique.

— Ta maman ne pouvait pas aller en 4 × 4 sur des pistes... Elle te portait et ça pouvait être mauvais pour elle et pour toi...

— Oui, se souvint la Mère, vous n'étiez pas de l'excursion, vous non plus, vous aviez tenu à rester auprès de moi. »

Dans ces moments, le visage de Tahfouna s'emplissait d'une gravité heureuse. Elle regardait tour à tour sa Mère et sa Mamie : elles s'entendaient bien toutes les deux. Tahfouna me serrait plus fort la main, comme sécurisée.

En avons-nous pris des photos sur les dunes, à dos de chameau, dans la forêt de palmiers ! Et lors de cette balade sur l'immense étendue salée, étincelant de la blancheur du chott el-Jerid où les

61

enfants couraient, malgré la fragilité de la couche de sel. Ici, les mirages ressemblent à des branches, à des navires échoués, à des forêts...

Vint enfin la nuit du siècle, celle qui devait donner naissance au premier jour du millénaire.

31 décembre 1999, programme de choix. Dîner sous la tente du gouverneur, dans l'oasis. Dîner seigneurial s'il en fut. Gardes en costumes de la région, torches jalonnant la piste, méchoui et pâtisseries orientales. Mais je grelottais. Enveloppée comme une momie dans le burnous que l'on venait de m'offrir, je touchais à peine au festin, pétrifiée par un froid semblant venir d'un autre monde, ce fameux froid du désert, la nuit.

Un concert déjà couru par des milliers de fans (Gloria Gaynor et Cheb Mami) devait suivre le dîner.

Le vrai spectacle eut lieu dans la palmeraie, ce soir-là livrée comme une proie à des centaines de voitures, motos, vélos... L'unique piste étroite et sinueuse, vite obturée, ne permit plus une circulation dans les deux sens. La voiture qui emmenait l'orchestre de Gloria Gaynor bloquée, les autres klaxonnant hystériquement, les chauffeurs hurlant et s'invectivant, certains abandonnant les véhicules sur la piste et s'égayant dans les recoins de la palmeraie... Pendant plusieurs heures, ce vieux désert fourmillant de démons modernes préfigura l'enfer du nouvel an. Un embouteillage monstre, non, monstrueux, contre nature. Contre cette nature.

Nous étions venus jusqu'ici pour fuir l'agitation

des pays riches. Nous nous sommes perdus, des heures durant, dans la cacophonie, les odeurs d'essence, les heurts de pare-chocs, collés les uns aux autres, les avertisseurs à modulations stridentes, les injures. On entendait aussi, comme un écho lancinant, des bribes du célèbre *I will survive*. Une nuit de la Saint-Sylvestre qui n'avait pas su n'être qu'elle-même.

Retour à l'hôtel à trois heures du matin.

Je me précipitai aussitôt dans la chambre de Tahfouna, vaguement inquiète. Elle dormait, un peu agitée. Elle se retourna brusquement puis se rendormit profondément.

Je la regardai encore. Dans ce siècle qui commençait, elle inscrirait sa trajectoire. Je frissonnais, j'eus tout à coup peur pour elle, peur de ce que ce nouveau millénaire – avec ses fulgurances et ses abîmes – lui apporterait.

Je me secouai. Il le fallait. Décidément, je ne voyais le monde qu'à travers ma petite-fille, sa vie, son avenir. L'humanité changeait de siècle et ma seule pensée allait à elle, l'unique.

J'avais froid. Je regagnai ma chambre et m'enfouis sous les couvertures. Ce passage à l'an 2000 me sembla difficile.

Dans tous les cas, je n'avais pas réalisé mon plan : goûter la paix des étoiles et du désert.

* *
*

Je me réveillai assez tôt dans la matinée. Une matinée étincelante de ses dunes de sable arrondies les unes sur les autres, à l'infini... Balade avec M. qui voulait toucher les plus hautes crêtes pour s'assurer de leur réalité. Sa main enfouie dans la mienne, elle babillait, questionnait sur les mirages, on en voit même le matin, affirmait dans un cri en découvrir un : «Là-bas, Mamie. Tu vois pas? C'est comme la mer...»

Ce premier de l'an du nouveau millénaire, seules dans l'immensité et la beauté du désert, elle et moi vivions notre passion. «Mille ans, deux mille ans, tous les mille ans encore Mamie, je t'aimerai», me répétait-elle quand je lui expliquai le basculement du calendrier. Je me souviens que ce jour-là elle voulut savoir si ma mamie m'avait ainsi promenée sur les dunes «ou à la plage ou si elle avait une campagne...».

Non, mes mamies à moi ne sortaient presque jamais, ma chérie. Elles n'étaient pas habillées comme nous mais à l'orientale, avec un foulard sur leurs cheveux. Les papys se chargeaient de tout, ils travaillaient pour gagner des sous, faisaient les courses et surtout donnaient des ordres. Rêveuse, Tahfouna commentait : «C'était pas bien, alors, avant, pour les mamies, les pauvres...»

Mais tu le vois, ma douce, tout a changé, tu es là, avec moi, ta Mamie. Et c'est moi qui ai voulu, organisé, offert ce voyage au bout de la lumière.

Heureuse de ce premier matin du siècle, elle souriait, heureuse surtout de partager avec moi ce temps de la splendeur. Sa main serrait davantage la mienne et, de temps à autre, elle levait son petit visage vers moi, sans rien dire, juste pour que nos regards se croisent. Je ressentais alors le choc de la passion partagée. Il ne pouvait pas en exister de plus forte, celle-ci, la nôtre, nous unissait et nous enfermait, traçait autour de nous une sorte de forteresse inexpugnable.

Mais il fallait rentrer et retrouver la tribu.

* *
*

Finalement, je me retrouvais plus optimiste qu'aux premières heures de la matinée : l'année commençait bien, dans la beauté et l'amour partagés.

L'actualité politique nous tint un moment en haleine.

A Moscou, le président Eltsine se mourait et l'info, le scoop n'attendent jamais. Manu fut sommé par sa radio de rejoindre Moscou en urgence. Ce 1er janvier. Il s'épuisa en combinaisons de vols, correspondances, connexions pour relier sur l'heure l'oasis de Tozeur et ses palmiers à la place Rouge et son Kremlin. Il fit preuve d'une certaine efficacité car nous l'entendîmes quelques heures plus tard commenter sur les ondes l'événement politique.

Qui, comme on le sait, ne fit pas, finalement, l'événement.

CHAPITRE VII

Nos secrets

Dès les premiers mois, entre Tahfouna et moi s'établit un lien affectif un peu particulier. Décuplé, pour moi, par mon attente et ma curiosité, et, pour elle, par un besoin peu commun d'amour et de présence.

Au point que nous avions un langage, un échange, un code, une complicité uniques. Au point qu'elle prit l'initiative d'établir entre nous des références spéciales qu'elle baptisa «nos secrets». Il y eut les «petits» (ceux de tous les jours, inventés le matin, disparus le soir, repris le lendemain...) et les «grands» (traduisez : les secrets permanents, sorte de mots de passe de l'intimité que l'on n'oublie jamais).

C'est dans la seconde catégorie qu'elle classa celui de ses nuits. Nuits perturbées par des peurs, des angoisses. Dès que l'on s'installait dans le domaine du sommeil et de ses rites, l'insécurité semblait l'habiter tout entière. Elle exigeait que la chambre soit éclairée jusqu'à l'aube (avec une petite veilleuse acquise pour elle), la porte ouverte tant que je ne l'avais pas rejointe, qu'on lui parle, qu'on lui tienne la main jusqu'à ce qu'elle s'endorme. On appelait ça «l'accompagnement». Claude était le grand accompagnateur du «102» (rue Saint-Dominique, notre appartement). Plus tard, le Petit Prince l'avait réclamé aussi, histoire de faire comme sa sœur, mais le sommeil le prenait si vite et si bien qu'il y renonça tout naturellement.

Tahfouna se réveillait à plusieurs reprises en pleurant. Un cauchemar, un cri. Elle s'agitait, tournait et se retournait dans son lit, rejetait toute couverture, ne voulait pas d'oreiller. Finissait par se rendormir, mais toujours en demande insatiable de tendresse.

Avant le jour, le plus souvent au milieu de la nuit, j'entendais des petits pas dans ma chambre. Elle se levait et atteignait mon lit presque en aveugle. Les yeux fermés, elle s'y glissait et m'enjambait d'un petit basculement ferme. Toute tiède encore, elle se blottissait contre moi, nouait ses bras autour de mon cou et murmurait, endormie, des mots incompréhensibles.

Que cherchait-elle, qu'exprimait-elle? Sans doute, comme tous les enfants de son âge, la peur que le fil vital qui la reliait à ceux qui l'aimaient ne se rompît, dans la nuit toujours menaçante. Mais aussi, comme un paroxysme, un besoin impérieux de continuité, d'unité, de refus des ruptures, fussent-elles celles du temps.

Cette aube partagée fut notre secret. Un de nos «grands». Interdit par les parents quand j'eus l'imprudence d'y faire allusion. Nous jouions la docilité, l'obéissance. D'accord, OK, assurions-nous, nous ne le ferions plus, pardon. Tahfouna ne chercha ni à comprendre ni à tergiverser. Mais décida en toute simplicité que nous ne dirions plus rien à personne. Et que nous persisterions, en éternelle récidive, dans ce grand bonheur des premières lumières du matin. «Ce sera notre secret», laissat-elle tomber quand je tentai, mollement il est vrai, de la dissuader. «On va continuer», réclama-t-elle les larmes aux yeux.

Et ainsi, pendant des années – presque jusqu'à ses neuf ans –, Tahfouna finit ses nuits à mes côtés et se réveilla, heureuse, dans mes oreillers. Même quand nous l'emmenâmes en voyage, elle quittait son lit dans la nuit, trottinait, hésitante, cherchant son chemin dans la chambre inconnue de l'hôtel, et se couchait vite auprès de moi. Ces nuits-là, elle ressentait un peu d'appréhension – affronter des lieux nouveaux – mais aussi de la fierté. Au matin elle soulignait sa performance : «Je connaissais rien ici, Mamie, mais je t'ai trouvée.» Nous vécûmes ainsi notre «secret» – le plus grand – jusqu'à ce que ma petite-fille eût disparu pour moi.

* *
*

Je me levais sans faire de bruit et attendais – le week-end, le temps est plus généreux – son réveil. Avant la naissance du Petit Prince, nous prenions toutes deux le petit déjeuner au lit. Je tirais doucement un pan de rideau à la fenêtre. Puis je la prenais dans mes bras pour protéger ses yeux de la lumière, elle souriait. «Attrape!» Je lui lançais «le grand saucisson» (le polochon mis au bas du lit) puis, un par un, les oreillers dont je me délestais avant de dormir. Elle riait, ouvrait grands les bras, fière surtout de les tenir à elle seule, m'aidait à installer le lit-petit déjeuner. Je la calais bien, la journée commençait pour elle, pour nous, dans la lumière. Claude posait son plateau sur mon bureau et, tous les trois, nous faisions un peu les fous. Ce qui certes n'alla pas sans quelques tasses renversées et des draps tachés. Mais Tahfouna apprenait à tenir une cuiller, un bol, jacassait, posait des questions, parlait aux pigeons qui faisaient ployer les branches du grand laurier sur la terrasse. Tahfouna s'épanouissait.

Elle avait vite appris les noms de quelques planètes que je lui avais enseignées. Et leur situation dans notre univers. Elle me demandait, l'air innocent: «Combien tu m'aimes, Mamie, jusqu'où?» Je répondais: «Je t'aime jusqu'à la Lune. jusqu'au Soleil.»

Futée, elle s'était un peu renseignée. Elle posait beaucoup de questions sur le ciel, les étoiles.... Elle savait par exemple que la Lune ou le Soleil nous faisaient tourner, nous la Terre, en bons voisins dans l'univers. Tandis que d'autres planètes, plus lointaines et peu explorées, demeuraient mystérieuses. «Eh bien, moi, je t'aime jusqu'à Mars.» A son triomphe joyeux, j'opposais un accablement sans espoir. «Tu as gagné... D'accord, ma douce, aujourd'hui c'est toi, mais je vais trouver une autre planète encore plus lointaine.» Elle répondait sûre d'elle qu'elle en aurait une autre, peut-être pas découverte tant elle se situerait loin, loin de nous. Et quand je lançai «Pluton!», elle prétendait en connaître de plus lointaines, dans une galaxie à peine connue.

Je me souviens d'avoir repéré pour elle une maison de l'astronomie et sa boutique pleine de livres, d'objets. J'y ai cherché longuement des photos, des albums accessibles pour son âge sur les étoiles, puisqu'elles occupaient une bonne partie de nos conversations, après leur repérage dans le ciel d'été de Guenaïdel. Je me souviens aussi de certaines nuits où nous attendions et comptions dans une grande excitation les étoiles filantes qui zébraient de leur fulgurance le ciel d'un bleu-noir dur. Ce ciel à la couleur et à la profondeur uniques, nous le devions à un violent mistral quasi permanent. La marquise de Sévigné le détestait. Elle l'appelait «bise aigre». Elle avait écrit combien elle le craignait, à chacun de ses séjours chez sa fille, Mme de Grignan, et dans son impressionnant château, à quelques kilomètres de Guenaïdel.

* *
*

Je crois que les êtres très profondément aimés réfléchissent une part de l'amour qu'ils inspirent. Choisis, élus, ils se sentent uniques. Le boomerang de l'amour, en quelque sorte.

Ce que je sais, ce que j'ai vécu, c'est combien l'at-

tachement et la tendresse de Tahfouna nourris-
saient ma passion. Voie royale de l'affectivité.

* *
*

Avoir des secrets pendant quelques années fut
notre privilège exclusif. «Les secrets, c'est pour
avec sa Mamie», expliquait-elle. Et elle vivait cette
complicité singulière avec naturel. L'amour qui
nous liait ne s'apparentait à aucun autre amour.
Différence de nature, différence du vécu, différence (supposée) du regard des autres dont il
devait sans doute se protéger. D'où le secret. Je lui
demandais souvent : «Pourquoi, dis, pourquoi je
t'aime comme ça, tu sais, toi, pourquoi?» Rose de
bonheur, elle haussait les épaules. Son hypothèse :
«Peut-être c'est un secret.»
Un jour, alors que je la berçais d'une de mes histoires pour tenter l'impossible – l'endormir pour
une sieste –, elle s'approcha de mon oreille.
«Chut!» fit-elle. Elle avait quelque chose d'important à me dire. «Un secret, Mamie!» murmura-t-elle.
J'esquissai un léger rire. «Chut!» ordonna-t-elle,
impérieuse. Je la regardai, elle se concentrait, déterminée. «Ecoute, Mamie... il faut que tu écoutes
fort...» L'instant, elle le vivait comme exceptionnel,
essentiel. Il devait s'imprimer dans la mémoire et la
structurer. Plus tard, on l'évoquerait comme l'événement qui marquerait une autre phase de notre
vie. «Oui, un grand secret, Mamie...» Elle lâcha
quelques mots et répéta : «C'est un grand.» Elle se

rapprocha encore : « *On est amoureuses, Mamie...* », murmura-t-elle à mon oreille dans un souffle. Je frémis, inondée de tendresse.

Que voulait-elle dire exactement par ce mot « amoureuse » ? Que savait-elle à huit ans, que pensait-elle de l'amour et des amoureux ? Sans doute le sentiment d'une proximité exceptionnelle, si parfaite qu'elle en devenait blanche, muette, secrète, immuable, d'une plénitude affective qui allait jusqu'à marquer l'intonation des mots, le lié des gestes. Et surtout qui exigeait, à l'égard des autres, l'absolu non-dit. Le secret.

Comment, dans une explication de texte à l'école, aurait-elle défini de quelques mots sa phrase « On est amoureuses » adressée à sa Mamie ? Elle aurait peut-être repris avec la même simplicité redondante son souhait, toujours le même : « Je veux toute ma famille dans la même maison. » Elle aurait écrit peut-être ce secret : « Ça veut dire qu'on veut toujours être ensemble, toujours... »

C'est en tout cas ainsi que, dans nos bavardages chuchotés, elle étoffait notre « secret ». Toujours en secret, s'entend.

Le « secret ». Rien de plus ni de moins qu'un constat. Ces deux vies – celle d'une fillette, celle de sa grand-mère – se trouvaient unies par le mystère d'un sentiment dont la force marquait – différemment – leurs existences. Quand nous nous téléphonions, elle demandait : « Tu es seule, Mamie ? » Et si je répondais par l'affirmative : « Dis-le, notre secret, dis-le. » Je murmurais alors la phrase magique qu'elle me répétait à son tour, un autre jour, après avoir annoncé : « Je suis seule, je vais te dire notre secret... On est amoureuses. »

Je me souviens de la gravité de son visage un jour, à Guenaïdel, quand elle frappa à ma porte. J'étais dans ma chambre, j'écrivais. Elle me remit un petit pot de yaourt rempli de mûres qu'elle avait cueillies sous le grand pin. « Tiens, c'est pour toi. » J'en pris une, exprimai un rapide : « C'est délicieux ! » fis un gros câlin, la remerciai et posai le pot sur ma table. Je repris mon stylo. Tahfouna ne bougeait pas. Je voulais retrouver le fil de mon manuscrit : « Va vite, ma belle, va jouer... » Elle se rapprocha, murmura : « C'est pour toi », reprit le pot et me le replaça dans les mains. « Regarde, c'est pour toi. » Et très bas, dans un murmure : « J'ai écrit quelque chose, lis... » Je tournai le pot. Au feutre rouge, en lettres minuscules et difficilement tracées, sur une étiquette collée, je découvris : « A Mamie que j'aime à la folie. » Je la pris dans mes bras : « C'est comme pour la marguerite, tu sais. » Je sais. « Je t'aime, un peu, beaucoup, à la folie. » Elle enfouit sa tête dans mon épaule : « Y a pas plus, Mamie... » Je couvris ses cheveux de baisers. « Y a pas plus... »

*   *
*

Tahfouna n'eut de secrets ni avec Claude ni avec aucun autre adulte. « Seulement avec toi, seulement avec toi dans le monde entier», répétait-elle certains jours.

* *
*

Je crois que sa relation avec Claude, différente et d'une certaine manière plus vaste qu'avec moi, lui fut d'un autre apport. Un apport important si j'en juge par leurs échanges actuels. Aujourd'hui, M. veut lire ses romans, ses poèmes et le questionne avec insistance sur les années passées auprès de Sartre ou sa proximité avec Aragon.

Enfant, elle fut tantôt le «professeur des couleurs» de Claude qui se disait incapable de les distinguer et elle poussait de hauts cris : «Regarde, Mamie, il dit que l'orange est bleue», tantôt son admiratrice passionnée. Elle l'avait sacré «le poète» et c'est à lui qu'elle consentait à réciter les quatrains appris à l'école. Claude continuait de griffonner des petits poèmes pour elle et pour le Petit Prince. Tahfouna voulait que sa maîtresse les lise dans sa classe et était très déçue de n'y être pas parvenue.

Pendant près de dix ans, Claude initia ses petits-enfants au dessin, à la peinture, à la pâte à modeler. A tout ce bricolage qui permet souvent aux jeunes enfants de s'exprimer. D'exprimer leurs dons, leurs talents et leurs émotions.

Mais aussi – et seuls eux et leurs grands-parents le savent – de vivre une transmission unique, où les crayons, les couleurs, les dessins, les mots eux-mêmes n'apportent pas le même rêve.

CHAPITRE VIII

Le Petit Prince

26 décembre 1994. Naissance d'E., toujours à la clinique des Bluets, comme il se doit. Tahfouna n'est plus seule, un petit frère va mêler son enfance à la sienne. Cette fois-ci, échographie oblige, pas de surprise. « Un garçon et c'est bien ainsi », acquiescent les parents. Quelques heures après la naissance, Claude et moi allons au chevet de la Mère et de l'enfant que nous trouvâmes superbe. Teint clair, inattendu (avec une ascendance au teint mat), bon poids, belle taille.

Une naissance qui coïncidait avec un anniversaire, celui de la mort de mon père E., E. est mort, vive E., son arrière-petit-fils ! Eternel renouvellement de vie. Absurdité de ce renouvellement.

Dès qu'il marcha, parla, je trouvai, je l'ai dit, à mon petit-fils des allures royales. Beau, avec ce teint de porcelaine de ses premiers jours, ces yeux gris-vert, mordorés, aux lumières changeantes. « Quelle couleur, tes yeux, aujourd'hui ? » E. lâchait le téléphone. « Attends, Mamie, j'ai pas encore vu... Tu attends ? » Une pose brève devant un miroir et il revenait perplexe. «Ben, j'sais pas, peut-être un peu bleus». J'affirmais : «C'est normal, tes yeux reflètent un coin du ciel, ce matin...»

Un maintien – il était grand et très fort – de seigneur. Je le surnommai «le Petit Prince» et le familiarisai assez vite avec Saint-Exupéry, la voix de Gérard Philipe et les cuivres de Prokofiev.

Comment Tahfouna l'accueillit-elle? Attente contrastée. L'Autorité Parentale, toujours livres psychologiques en main et dans la tête, fit ce qu'il fallait faire. Préparation, récits, réponses psychanalytiquement correctes à toutes les questions. Pas d'hésitation, il fallait surtout éviter la fameuse régression de l'aîné(e) quand le cadet survient. Le trop fameux pipi au lit. Tahfouna oscillait. Oui, elle était contente d'avoir un petit frère. Mais le sourire qui accompagnait son propos se figeait. Bien sûr, elle lui apprendrait des tas de choses, elle était la grande, déjà propre tandis que lui, ses couches, ses biberons...

Il n'empêche, elle se livra, comme tous les aînés, à quelques petites atrocités inévitables.

Par exemple, le pousser sournoisement contre une table, le faire tomber pendant qu'il s'essayait à l'équilibre sur ses petites jambes dodues, le pincer fort en regardant innocemment ailleurs, cacher, détruire ses hochets, ses jouets. Cette série de forfaits accomplis par jalousie, Tahfouna l'aînée la déploya sans faillir.

Elle évolua cependant assez vite. Passée la phase persécution, elle regarda son frère avec une certaine curiosité. Elle se mêla, de plus en plus, de son évolution, de ses progrès. Lui apprit des mots, des histoires, des jeux.

E., bonne nature et fasciné, suivait la Chef-Pygmalion, aussi inventive que dominatrice. Ainsi, pendant quelques années, il fut à la fois son souffre-douleur et son compagnon de choix. Il exécutait les ordres, les corvées. Et si d'aventure il rechignait, elle le bousculait, parfois le frappait. Rapport de force oblige. Au programme donc beaucoup de bleus, d'ecchymoses, de saignements de nez, d'écorchures, rien que de très ordinaire. Je le vécus pourtant comme un déséquilibre qui finit par devenir préoccupant. Et je m'en ouvris aux parents. Je leur racontai par exemple qu'un jour j'avais entendu E., dans un jeu imaginé par sa sœur, supplier, angoissé : «Et moi, M., moi, qui je suis?»

Question existentielle de l'un à laquelle seul le pouvoir de l'autre devait apporter la réponse. Il attendait sa définition d'être, même s'il s'agissait d'un jeu.

Mais les parents refusèrent de s'inquiéter. Attendons, disaient-ils. Quand E. grandira et pourra se mesurer à sa sœur, tout changera.

Ils avaient raison. Dès que le garçonnet se mua en préadolescent précoce, très grand et très cos-taud, Tahfouna perdit son leadership dans l'organisation de leur vie quotidienne. Il n'y eut pas d'inversion des rôles mais plutôt un compagnonnage, une complicité de bon aloi. Jamais de dénonciation de l'un par l'autre ni même d'intrusion de l'un dans les projets de l'autre. Mais toujours un échange particulier, dans un monde qui échappe à celui des adultes.

Tahfouna, nous l'eûmes avec nous pratiquement tous les week-ends dès l'âge de trois mois. Et dès juillet, alors que les parents ne pouvaient quitter Paris, nous l'emmenions à Taulignan où le Père et la Mère nous rejoignaient en août. Je m'étais fournie de toute la panoplie bébé indispensable. Un berceau, une table à langer ainsi qu'une baignoire en caoutchouc sur pieds, un landau pour la sortie, des provisions de couches. J'avais même ressorti le dernier stérilisateur pour biberons, utilisé à la naissance de Manu, devenu, à l'époque, un journaliste de vingt-huit ans. Inutile aujourd'hui, grâce à l'usage de biberons en plastique. Je stockais différentes tétines avec ouvertures graduées 1, 2, 3 (un véritable casse-tête pour trouver le bon écoulement du liquide...).

Tous les vendredis, l'un des parents, selon leurs horaires de travail, déposait Tahfouna au 102. Quelquefois on l'amenait juste pour le dîner. Nous l'installions alors dans son berceau au milieu de la pièce, dernier biberon, dernière succion puis je la prenais à l'étage supérieur avec moi, dans ma chambre, et la couchais avec précaution dans son berceau. Berceau qui devint plus tard un lit de toile démontable, qui à son tour céda la place à un vrai lit.

Quand le Petit Prince rejoignit sa sœur pour les week-ends, il connut les mêmes rites. Sauf qu'il les pratiqua avec un retard important. En effet, alors qu'il n'avait pas encore quitté la maternité, il fut contaminé par un autre bébé. La bronchiolite. Maladie extrêmement grave pour les nouveau-nés car affectant les voies respiratoires. Le Père, angoissé, m'appela : « Maman, est-ce que je peux t'amener Tahfouna ? » (Il dit « maman » ce matin-là d'un ton particulier, l'émotion le transformait.) La Mère était à l'hôpital auprès du fils aux urgences. En réanimation. « C'est très grave, maman. » (Trois fois en quelques minutes.) Je tentai de maîtriser cette autre émotion – « Le pronostic vital est réservé... » Je décommandais mes rendez-vous de la journée et du lendemain et me rendis dans le 11e arrondissement prendre Tahfouna. Sa frimousse, sa joie devant cet imprévu, la manière qu'elle eut de se nouer autour de mes jambes en répétant : « Ma Mamie, ma Mamie » me firent oublier un instant que nous vivions la journée de tous les dangers.

Le Petit Prince fut sauvé. Mais il demeura long-temps fragile. Exigeant soins constants, surveillance continue la nuit, médicaments à administrer. Si bien qu'il ne fut apte à « partir en week-end », comme un grand, c'est-à-dire à accompagner sa sœur chez nous, que vers un an, quand il commença à marcher.

L'organisation resta simple et rigoureuse. Au fil des années, Claude et moi allions au jardin d'enfants, puis à la maternelle, puis à l'école primaire, chercher nos petits-enfants.

Auparavant, arrêt obligé à leur domicile pour prendre le sac plein de linge, jouets, chaussons, médicaments.

En attendant le Petit Prince, nous avions parfait l'installation. Dans les deux chambres, deux lits pliants confortables. Dans l'une, Tahfouna et moi. Dans l'autre, son frère et Claude. Même cérémonial. Dans l'après-midi, les enfants avaient goûté, joué, pris leur bain. Et dîné. Lors du dîner – fête des adultes –, ils restaient autour de nous, faisaient du trampoline sur nos malheureux divans, regoûtaient aux plats, bissaient les desserts. Venait l'heure du «Je tire ma révérence et m'en vais me coucher» que nous chantions en chœur. Dans ses toutes premières années, la Mère m'accompagnait à l'étage supérieur pour endormir le Petit Prince. Pendant ce temps, j'accomplissais avec Tahfouna l'étape obligée de «l'histoire». Soit inventée – ce qu'elle aimait plus que tout dans ses rebondissements surréalistes, dans ses tours de magie –, soit lue. La Fontaine, Andersen, Perrault... Étape suivante, le massage. Obligatoire. Mais par qui commencer? Tirage au sort. Je massais la plante des pieds, les mains surtout. Puis le petit tambour. «Oh, oui, Mamie, le petit tambour qui s'en revenait de guerre.» Avec mes doigts je tapotais le front en chantonnant, la ligne médiane du nez, les tempes, aller-retour, petit tambour, et terminais par un lissage sur des yeux clos. Ça s'appelait le baiser-papillon. Les enfants endormis, Claude venait à la rescousse et les emportait dans ses bras jusque dans leur lit.

La santé d'E. s'améliora assez vite mais exigea longtemps quelques précautions. Il passait généralement des nuits paisibles, et dormait dix à douze heures d'affilée. Un scénario qui nous changeait heureusement des nuits agitées de sa sœur. Mais il soufflait fort – séquelle de sa bronchiolite – et cela continuait de nous inquiéter. Il appartint bientôt à la catégorie des joyeux vivants. Avec un appétit réjouissant, il finissait tous les plats que sa sœur touchait à peine (elle n'aimait rien, faisait des caprices, chipotait devant toute nourriture). Autant nous avions plaisir à installer Petit Prince à table, autant j'appréhendais le moment où Tahfouna repousserait son assiette, déciderait de manger une tartine de pain beurrée et rien d'autre, ou un gâteau. Ou, pire encore, tapait sur son petit ventre – «Il est fermé» – et refusait toute nourriture

CHAPITRE IX

L'Autorité Parentale

Tahfouna me demandait de lui raconter sans
cesse la même histoire. Celle d'*avant* son père, du
père dans le flou d'*avant*, de ma décision d'être
mère.

Comment la traduire, cette histoire, pour une fillette d'une dizaine d'années sans trahir sa vérité
profonde et affadir le fondement même de mes
choix? Comment expliquer la lucidité, la liberté à
l'origine du refus de céder à la fatalité biologique,
bref comment, sans mystère angoissant et incompréhensible, esquisser pour une tête si jeune une
réflexion... disons, à défaut d'autre mot plus juste,
féministe? Il fallait trouver les mots et les images
– simples et dans la clarté – pour entraîner à ce parcours intime.

Le registre de la responsabilité banale, quotidienne me sembla le plus facile. Devenir «maman
adulte», c'est compliqué : il faut nourrir, baigner,
promener, endormir, surveiller constamment surtout. Et avoir les sous pour tout ça, et acheter le
matériel, les jouets... Les yeux de Tahfouna

brillaient, elle opinait, elle ajoutait : «Moi, quand je serai grande, je ferai une grande famille...»

Je lui contais surtout l'histoire de l'attente heureuse du Père, de mon être tout entier à l'écoute de ce qui se créait en moi. Magie. Etonnement. Mon enfant. Le premier, le désiré. Transposer pour une fillette les phases heureuses d'une vie ne me posa guère de problèmes.

En parlant, je revivais mon émoi d'alors.

Je sentais, à l'époque, cette future naissance comme l'événement qui allait me permettre de me comprendre davantage, de voir peut-être le monde autrement. De me dédoubler mais de rester moi-même, homogène et neuve. De mesurer mes différences.

A l'époque les moyens (échographies) de connaître le sexe du fœtus n'existaient pas. «Je l'appelais "mon enfant".» «Tu voulais un garçon ou une fille?», interrogeait ma petite-fille. Je passais toujours aux aveux. Pour la dixième, la centième fois, j'avouais. J'avais toujours désiré une fille. Une au moins. Ou une seulement. Mais une fille.

Autour de moi, à l'époque, la famille – paternelle, maternelle –, les voisins, les passants, bref la Tunisie tout entière des traditions patriarcales, comme toujours et pour tous les foyers, souhaitaient la naissance d'un garçon. «Tu l'as senti, Mamie, que c'était mon papa?» Non, bien sûr. Comme je ne savais pas et que personne ne savait – sauf les matrones qui prédisaient, en palpant mon ventre, soit un garçon – «Ton ventre est pointu, ma fille» – soit une fille – «Ton ventre est tout rond, tu as embelli » –, ou d'autres – «Tu as le masque, c'est donc une fille... » –, j'avais choisi des prénoms masculins : Jean-Yves (et deux autres), et un, un seul, féminin : Marie. Ce qui fit pousser des cris aux deux familles judéo-arabes. «Marie, d'où ça sort ça, c'est pour les chrétiens, c'est affreux. » Ma mère m'accusa même de vouloir, mine de rien, faire entrer la Madone des roumis dans la famille.

Je vivais un bonheur intense. D'abord, j'avais décidé d'avoir un enfant, mon corps ne me trahissait plus, il servait ma liberté et mon choix. Et surtout, mue par une volonté déterminée, je me mesurais – corps, intelligence, affectivité – à une grossesse que je ne voulais pas hégémonique. Cela tournait à une introspection minuteuse, quasi maniaque.

Impossible d'oublier cette qualité d'attente. J'étais à l'écoute de cette vie qui se nouait en moi, une écoute qui mobilisait tous mes sens. «Le désir que j'en avais le faisait vivre en moi, moi qui étais toute chaleur, toute tendresse, tout amour pour lui» (*La Cause des femmes*, 1974). Je tenais un journal, je l'ai dit.

Tahfouna, très tôt et grâce à l'intelligente pédagogie de ses parents, sut que les enfants ne naissaient pas dans les choux et, pour l'essentiel, connut assez jeune le processus de la graine de l'homme accueillie, fécondée par la femme dont le ventre devenait le «berceau» pendant neuf mois. L'accouchement? Sans insister, on lui avait expliqué la sortie naturelle du bébé par des voies tout aussi naturelles.

J'expliquai à ma petite-fille qui multipliait les questions que j'avais refusé toutes les cajoleries et attentions inutiles dont la tradition nord-africaine d'alors entourait, comme une handicapée, la femme enceinte. Que je ne me sentais pas en état de faiblesse ou plus vulnérable qu'avant. Au contraire. Il me semblait en quelque sorte avancer, me transformer tout en restant pour l'essentiel la même.

Tahfouna ne me lâchait pas et voulait tout savoir sur la naissance de son père. D'abord, si après sa «sortie» de mon ventre, j'étais «contente, très contente...».

En fait, j'avais tellement souffert, presque une nuit durant, jusqu'à l'utilisation nécessaire des forceps, que, épuisée, je n'avais plus eu la force de me réjouir. Et ce bout de chair froissée que l'on me présenta à l'aube, au crâne minuscule tiré en poire, marqué par les fers, me déçut. «Tu vois comme ton père est beau aujourd'hui?» –, je me devais d'adoucir ma description.

Elle adorait les détails, les répétitions. Elle m'avait entendue raconter mon calvaire de mère nourricière et elle en voulait confirmation. Après tout, elle se sentait concernée, c'était son père qui tétait...

Oui, ça fait mal. Très mal. Crevasses, abominables douleurs aux seins, mais, la tête pleine de tabous et d'interdits, je continuais. Un dogme établissait que seul l'allaitement maternel faisait des bébés sains et forts. Recourir aux biberons – sauf maladie – ressemblait à un refus, une fuite, voire une trahison.

J'allaitais donc dans une souffrance extrême, je mordais un mouchoir pour ne pas crier à la première succion.

«Et comment il était quand il avait mon âge?» Tahfouna a un formidable besoin de faire revivre en images, en film, l'enfance de son père.

Par sa curiosité insatiable, par ses demandes sur ses origines et celles de son père, on sent qu'elle veut créer un trio, au lien privilégié, un peu à part. Son père, elle et moi. Relier ainsi le fil de sa vie, dès ses débuts, à celui du Père, dès ses débuts aussi. Et faire remonter le tout. Elle, de lui à moi, sa Mamie. Ce qui n'empêcherait en rien l'existence d'autres liens particuliers et forts avec sa mère, par exemple. Mais tout à fait différents.

«Alors papa, c'était le premier, c'était ton préféré?» La question lui brûle les lèvres. Explication délicate. Mon préféré, oui d'une certaine manière, même quand il eut deux frères. Mon préféré dans le sens d'inoubliable. Celui qui a provoqué en moi ma première grossesse choisie, d'une telle richesse, d'une telle complexité, d'une telle nouveauté. Une grossesse révélation en quelque sorte. Mais Tahfouna voulait aller plus loin : «Tu l'aimes plus que Tonton Kaboul (son oncle Kamoun) ou Tonton Manu (qu'elle appela Tonton Moscou pendant les quatre ans où il y fut correspondant permanent de sa radio)?»

Réponse plate, un peu décevante, j'en conviens, je les aime à égalité. J'essaie d'y réfléchir davantage. Je brode. L'aîné, le premier, vient toujours au secours de ses parents, si leur vieillesse est difficile.

Triomphe de Tahfouna : «Alors c'est papa qui viendra d'abord au secours.» Un peu honteuse de cette mauvaise distinction, j'ajoutais vite : «Mais tes oncles aussi, tu sais.» Ça ne fait rien, Tahfouna est heureuse, elle voulait l'entendre, ce «plus» pour son père.

Elle se lance alors, joyeuse, dans une partie de trampoline sur le lit.

* *
*

J'avais avec ma petite-fille des échanges d'adultes mais avec les mots de l'enfance. Notre extraordinaire proximité nous procurait une sorte d'osmose affective qui lui faisait accueillir mes récits dans le partage immédiat.

Elle questionnait, écoutait dans de longs silences, frémissait, prenait ma main...

Il me semblait être la source de cette plénitude. Je m'en nourrissais. Je refusais de me projeter dans l'avenir. Demain, dans cinq ans, dans dix ans...

Le présent nous gratifiait de cet amour unique. Le présent seul comptait.

* *
*

J'appelle «Autorité Parentale» – expression que j'ai employée souvent – le pouvoir conjugué, additionné, de mon fils, donc «le Père», et de sa compagne, «la Mère», sur Tahfouna et le Petit Prince.

Définition parfaitement collée au droit, de plus. Je n'ajouterai rien sur la présentation du Père. Sinon que la souffrance qu'il nous infligea adulte répondait sans doute à une souffrance d'enfance très profonde. Un mal que je n'ai pas soupçonné, comme beaucoup de parents, et que plus tard, faute d'explications psychanalytiques, je n'ai pas compris.

Je ne jouerai pas au jeu meurtrier du «comment en sommes-nous arrivés là...» et ne réclamerai aucun compte à la raison ou au cœur.

Homme et père à son tour, il appartient à mon fils – et à lui seul –, aujourd'hui, de se comprendre.

Je m'en tiendrai, quant à moi, à l'état des lieux tels que je les ai vécus, c'est-à-dire en plein saccage.

* *
*

La Mère.

Tout, à mes yeux, la prédisposait à être la fille que je n'avais pas eue. Quand Tahfouna m'interrogeait : «Tu l'aimes, ma maman?», je répétais que j'avais la chance enfin d'avoir «reçu» une fille belle, grande, «toute prête, en paquet cadeau». Elle riait, heureuse. Ne pas oublier que la cohésion familiale traça très tôt pour elle une véritable ligne de vie. Reprise de son leitmotiv : «Je veux vivre avec toute ma famille dans la même maison.»

Fille d'un père ouvrier et d'une mère femme de ménage immigrés espagnols, je l'ai dit, la Mère poursuivit ses études jusqu'à un doctorat de médecine qu'elle passa après avoir rencontré le Père. Et sur l'insistance méritoire de ce dernier, je l'ai dit aussi. Elle avait d'emblée remisé le féminisme au rang d'accessoire inutile. Quelle femme aujourd'hui avait besoin d'un combat contre les hommes, qui faisait perdre de vue les vraies luttes (de classes, de partis)? Elle ne militait nulle part mais votait à gauche. Comme son compagnon. Je l'ai rarement entendue le contrer dans les discussions qui nous agitaient joyeusement lors des dîners du week-end.

J'aimais lui faire de menus cadeaux. Grave erreur! J'enfreignais ainsi les règles psychanalytiques, archiconnues. Donner, c'est vouloir se faire pardonner. Ou, autre explication, vouloir s'approprier la personne gratifiée. En fait, je me laissais aller à la pente naturelle de notre avenir commun. Pour moi, un avenir acquis. Ne devenait-elle pas, quoi de plus normal, mon héritière? Notamment pour ce qui ne pouvait revenir qu'à elle, les quelques bijoux, des tableaux qu'elle appréciait, avec un goût très sûr, des livres d'art que j'imaginais plus dans ses mains qu'ailleurs. Comme je le pouvais, comme je le sentais, je m'efforçais de lui plaire. Même si elle maintenait un comportement distancié, empreint de politesse et de neutralité affective.

Alors que j'adressais mes livres avec une dédicace affectueuse à la Mère et au Père, seul ce dernier m'en faisait un (bref) commentaire. Elle, pas un mot. C'était à se demander si elle les avait aperçus. Ou si elle était présente le soir où Tahfouna m'avait vue à la télé. «Dans ma classe, y a des parents de mes copines qui t'ont vue hier, Mamie », disait-elle avec fierté.

Je crois surtout que l'amour de Tahfouna pour moi lui portait ombrage. Les enfants ne prennent guère de précautions quand ils aiment. Et à plusieurs reprises ma petite-fille avait manifesté ses exigences. Que Mamie l'emmène chez le dentiste pour les soins, chez le bijoutier pour trouer les oreilles à boucles, au lit pour le massage et l'histoire avant de dormir. « Mamie et personne d'autre. »

Je me souviens d'une chute de Tahfouna chez nous, à Paris. Son front avait heurté le coin d'une table d'acier. Saignements, bleus, cris. J'ai préféré appeler la Mère médecin pour l'informer et lui indiquer les premières mesures prises. Elle accourut avec le pansement nécessaire. Tahfouna refusa en hurlant de se laisser faire et repoussa sa mère : « Non, non, pas toi, je veux Mamie, Mamie... » Comme elle s'approchait d'elle, Tahfouna, en crise, donna de violents coups de pieds et sanglota de plus belle : « Mamie, Mamie, je veux Mamie ! »

Blême, la Mère me tendit les cotons, l'alcool. « Eh bien, puisqu'elle vous réclame, faites-le, soignez-la. » Je fis très vite, l'accident fut sans gravité mais laissa des traces bien plus profondes que les cicatrices.

CHAPITRE X

Ma saison préférée

Régulièrement, week-ends ou vacances, nous emmenions nos petits-enfants à Taulignan. Je m'obstinais à dire « Guenaïdel », Tahfouna l'appelait « la campagne ». Très vite « la campagne » était devenue un lieu de prédilection pour elle et le Petit Prince, synonyme de liberté, de joie, de nature, de tendresse.

Pendant près de dix ans, petit à petit, avec cet entêtement qui nous caractérise Claude et moi, nous avons transformé, embelli cette propriété dont je voulais faire le havre familial. Les donations à mes fils en font aujourd'hui les propriétaires. Pour les forcer à me garder un peu, après ma mort ? Je n'y ai pas pensé, je n'ai pensé qu'à unir la tribu. Lui donner comme point de ralliement ce petit « douar » provençal avec ses oliviers, ses arbres fruitiers, ses kakis à l'orange fulgurant, son champ de lavande qui embaume l'été et fait à la pierre ocre des murs une sorte d'écrin de couleur mauve.

En 1994, malgré son coût élevé, je fis installer une piscine. Une vraie. Seize mètres de long. Nous étions tous des nageurs émérites, excepté Claude que Tahfouna et le Petit Prince voulaient entraîner, en vain. Que mes petits-enfants aient adoré l'eau et la mer dès leurs premières années me fut un vrai bonheur. Il m'aurait semblé contre nature, ou le fait d'un intolérable coup du sort, en quelque sorte une infirmité, qu'ils n'aimassent pas se fondre dans l'eau, jouer, nager, compte tenu des prouesses de leur père, grand-mère, oncles. Tahfouna fonçait, voulait se défaire de sa bouée, le Petit Prince, pour imiter son père, plongeait et, en apnée, gardait la tête sous l'eau le plus longtemps possible. Bref, ils étaient «normaux». Comme étaient normaux avec eux ces étés où la lumière éclabousse les couleurs, aplatit les lignes. Le temps galope alors, change de sens, s'étire dans la jouissance, par moments. Pour moi, depuis l'enfance, l'été demeure la vraie saison des corps et des livres, les jours n'en finissent pas de finir, l'intelligence me semble différente dans la disponibilité, les loisirs, les longues heures à soi. Bref, reconnaissons la souveraineté de l'été.

Tahfouna continuait de s'intéresser aux étoiles, lors de ces nuits aux cieux somptueux. Elle peinait à reconstituer le Grand et le Petit Chariot, comme je lui avais appris. «Les étoiles sont trop brillantes», me disait-elle. Je lui répondais qu'elle avait la tête dans les étoiles. «Non, j'ai les étoiles dans ma tête», objectait-elle pour après s'interroger, perplexe, «sur ce qui est mieux». L'été, difficile de trancher. Tout n'est que beauté, ordre et volupté.

* *
*

Tahfouna avait neuf ou dix mois. Nous étions partis seuls tous les trois – elle, Claude et moi – pour « la campagne ». L'Autorité Parentale devait nous rejoindre pour un long week-end.

Une des plus belles périodes de ma petite-fille. Comme sans doute pour tous les bébés qui commencent d'appréhender la réalité environnante sans cependant aller vers elle ni l'exprimer en mots. Tahfouna souriait, grimaçait pour me faire rire, variait les onomatopées pour se faire comprendre, agitait fort jambes et bras au moment des changes, donnait à ses yeux sombres toutes les lumières de cet été naissant. Dans le train, elle fut exemplaire. Biberon, dodo, sourires. Ce soir-là, après le bain et sa soupe, je l'ai trouvée joliment rose, animée. J'avais joué avec elle dans sa petite chambre attenante à la nôtre avant de la bercer. Elle s'était quelque peu agitée, puis s'était endormie.

Trois heures du matin, des pleurs. Je me lève aussitôt et prends Tahfouna dans mes bras. Une boule de feu, un front brûlant. Thermomètre. Trente-neuf cinq. Pourquoi cette fièvre ? D'autant qu'elle ne pleurait plus mais au contraire gazouillait sans arrêt, souriait à tout-va, tournait les marionnettes avec ses petites mains. Je lui parle pour couper court à cette excitation. Claude la trouve drôle, gaie, elle ne souffre donc pas. Je comprends vite au contraire qu'elle délire. Reprise de température. Barre des quarante franchie. J'ai peur. Elle pourrait avoir des convulsions. Aucun de mes enfants n'en avait souffert, et je peine à en identifier les symptômes. Que faire ? Guenaïdel est à deux kilomètres du village de Taulignan, en pleins champs, loin de toute agglomération.

Claude prend alors la voiture et s'y rend. Sonnerie de nuit à la pharmacie, coups à la porte, le pharmacien l'accueille enfin. De l'aide, un médecin, un médicament, ma petite-fille brûle, bavarde, délire. Le pharmacien donne à Claude le numéro de téléphone d'un pédiatre, à quelques kilomètres de nous, et de l'aspirine pour bébé. Médecin enfin joint. Non, il n'était pas pédiatre, m'explique-t-il, son épouse, absente pour quinze jours, l'est. Il me pose des questions, veut des précisions. Je l'interromps sans cesse, il faut venir docteur, il faut que vous la voyiez, elle s'agite, nous sommes très inquiets. Le médecin garde un calme exaspérant : « Chez les enfants, les grandes fièvres, c'est très courant. Donnez-lui de l'aspirine, ne vous affolez pas, j'arrive. » Et en effet il arriva. Après un siècle, vingt minutes, qui peut le dire ? Tahfouna semble d'une extraordinaire gaieté, bougeant jambes et bras, racontant dans ses onomatopées plein d'histoires. Un vrai festival. Je ne réussis pas à ralentir ce flot désordonné. Impuissante, je la berce, lui parle. L'idée aussi de l'absence de l'Autorité Parentale, les seuls décideurs, me paralyse. Mais que feraient-ils, eux, le Père, la Mère ? Sans doute la même chose. Ce dont le médecin m'assure, après avoir administré un suppositoire d'aspirine à ma petite-fille. « Dans trois heures, un autre suppositoire. Et ainsi de suite, si la fièvre persiste à cette hauteur. » Je lui fais promettre de revenir dans la matinée.

Entre-temps, je l'informerai au téléphone. Je garde Tahfouna dans le grand lit, Claude veille à mes côtés. Nous passons ainsi la nuit debout, assis, étendus. Ma petite-fille dort, mais continue de babiller de temps à autre comme si elle rêvait. A l'aube, la fièvre avait un peu baissé. Trente-huit sept. A six heures, j'appelle le brave docteur. Qui pour céder à mon insistance – «Je vous assure, madame, tout va rentrer dans l'ordre» – promet une visite dans la matinée. La fièvre restait élevée. Pourquoi? Toujours placide, le praticien explique qu'il n'y a pas d'explications. Les jeunes enfants ont de brusques poussées de fièvre, comme ça, il faut les surveiller, leur donner des antalgiques, et surtout attendre. Attendre quoi? Que tout rentre dans l'ordre, deux à trois jours seulement. Si cela persiste, alors on fera des analyses, des clichés... Mais aujourd'hui, le cours est «normal». Je trouvais un peu fou de dire d'un bébé agité par une fièvre élevée, méconnaissable, que son cours était «normal».

Dans la journée, la fièvre a baissé, trente-huit à peine. Ma petite-fille est calme, «reureute» de temps à autre, nous gratifie de nouveau de son sourire habituel, sans rictus ni excès.

Epuisée, je passe le tour de garde à Claude et me réfugie dans la maison d'amis.

Je me suis étendue sur le divan. Me suis sans doute un peu assoupie sur une question : que dire à l'Autorité Parentale? Lui relater l'incident et peut-être provoquer inquiétude et bouleversement de son programme alors que tout va aller mieux et

reprendre, concrètement, une évolution positive ?
Ne vaut-il pas mieux attendre leur arrivée ?

* *
*

Je me redressai brusquement. Je venais de réaliser seulement que Tahfouna pouvait disparaître de
mon univers, malade, enlevée à moi, morte, qui
sait...
Je transpirais beaucoup malgré le froid de la
pièce non chauffée. La question m'immobilisa.
Comment vivre sans elle, sans son regard, sans sa
tendresse exigeante, hégémonique, sans ses gazouillis
et leur enchantement ? Question stupide, je finis
par m'en convaincre. Ce qui ne m'empêcha pas de
me précipiter dans sa chambre, de vérifier sa présence dans mon univers. Tahfouna dormait paisi-
blement, en respirant fort. Elle vivait là, auprès de
moi. Ma vie avait repris.

* *
*

Le médecin avait raison. Quelque quarante-huit
heures et plusieurs suppositoires plus tard,
Tahfouna semble n'avoir vécu qu'un cauchemar.
Plus la moindre trace en tout cas. Elle joue, rit, dort.
Et mange, même, exceptionnellement ! Inutile
d'appeler les parents, danger conjuré.
Et nous leur raconterons quand ils seront parmi
nous. C'est décidé. Claude et moi, soulagés, heu-

reux, nous attelons alors à la préparation de ce séjour. Les vins préférés de l'Autorité Parentale (tous les deux les aimaient de qualité), des fleurs dans leur chambre, que la femme de ménage avait eu pour mission de briquer. Au dîner, le soir même, un tagine d'agneau aux artichauts. Et pour le lendemain peut-être un couscous...

Arrivée joyeuse, Claude est allé à la gare de Montélimar (quarante kilomètres) chercher les parents. Un verre, des olives, mais avant tout Tahfouna qu'ils se passent de bras en bras, qu'ils trouvent superbe, rose, gaie... Je fais alors le récit de l'accès de fièvre, de nos « diligences », de la certitude que l'incident était sans gravité. « Tout s'est finalement bien passé... », commenta Claude, encore heureux. Brusque changement d'atmosphère, de ton, de mots. L'échange affectueux bascule dans le reproche de plus en plus dur, dans la volonté de culpabiliser. Nous aurions dû les informer. « Nous sommes les parents, c'est clair, vous avez voulu vous substituer à nous. » Claude tente de calmer l'assaut, je plaide nos bonnes intentions : pourquoi les perturber alors que nous avons pu assumer cet incident de parcours qui finalement s'est bien révélé comme un simple incident ?

Je me rapproche du Père et l'appelle « mon fils ». « Essaie de comprendre, puisque Tahfouna allait bien dès le lendemain, vous arriviez le surlendemain, pourquoi vous inquiéter à distance ? Ecoute, mon fils, écoute... » La Mère glaciale, tranchante, n'en démord pas : « Je suis la mère, vous deviez me tenir au courant. » Commencée dans la double fête de la guérison de Tahfouna et de l'arrivée de ses parents, la soirée finit mal. Et vite. Chacun réintégra sans un mot son territoire respectif.

Cette nuit-là, la petite se réveilla à deux reprises, pleura. La Mère, adepte du laisser-pleurer, laisser-passer, ne bougea pas.
J'allai dans la petite chambre de Tahfouna à pas de loup, la pris dans mes bras et la berçai jusqu'à ce qu'elle s'endormît, tard le matin.

* *
*

On l'a vu, l'Autorité Parentale ne plaisantait guère sur ses droits. Surtout quand il s'agissait de délimiter sinon d'amoindrir les nôtres. Ceux de grands-parents intensément présents auprès de leurs petits-enfants. Trop, sans doute. Le problème commença de se poser dans ces circonstances, mais il en cacha un autre : celui de la passion qui m'unissait à ma petite-fille.

CHAPITRE XI

Nuages, nuages...

En cet été 2000 – Tahfouna venait d'avoir huit ans et le Petit Prince allait, très gaillard, sur ses six ans –, les rites familiaux avaient gardé toute leur force.

Toujours la fête du week-end. Nous l'appelions ainsi : «fête». Autour de Claude et moi, elle réunissait le vendredi soir mes trois fils, ma belle-fille et mes deux petits-enfants.

Dîner avec mets et vins choisis. Tahfouna et le Petit Prince s'installaient dans le séjour, sur le sol, à proximité de la table, au milieu d'un bazar de jouets, train électrique, puzzle. Tout à leurs occupations et à leurs disputes, ils nous laissaient une paix royale.

Nous, «les adultes», comme nous appelait ma petite-fille, nous partagions dans les rires et avec bonheur une longue soirée, où les discussions, passionnément politiques, nous divisaient, nous réunissaient en camps à géométrie variable. Rarement, cependant, un bulletin de vote obtint une majorité significative.

Car nous faisions surenchère de nuances, de divergences, de dissidences. Un jeu, le luxe de notre tribu. Puis sonnait l'heure du départ des invités « adultes ».

Les enfants, nous les gardions. D'ailleurs, nous les avions déjà couchés. Il m'avait même fallu, la dernière fois, renouveler le stock des « histoires-pour-quand-on-est-au-lit », distinguait Tahfouna qui en exigeait d'autres à table pour obtenir qu'elle grignote.

Ces histoires, je les inventais en les modelant un peu sur leur vie, leurs mystères, leurs questions. Tel « Fabien et Fabienne », feuilleton inépuisable. Le jeune duo, toujours de l'âge de Tahfouna et du Petit Prince, toujours entièrement de mon cru, se révélait aventureux, mais obéissant, indépendant mais affectueux, allait à la plage ou à l'école, ou – c'était l'expédition préférée de Tahfouna – sur la Lune, et décrivait, de là-bas, ses fabuleuses découvertes. A ce moment du récit – je les revois encore –, les yeux de mes petits-enfants brillaient des mille lumières du rêve.

Fabien et Fabienne se disputaient quelquefois lors de leur pique-nique à la campagne ou dans la piscine ou..., suivez mon regard. Tahfouna, jouant alors l'ignorance, hasardait d'une petite voix innocente : « Pas comme le Petit Prince et moi hier ? »

Pour le lendemain, samedi et dimanche, Claude et moi avions consulté consciencieusement les suppléments « programmes » de tous nos journaux et magazines. Spécialement travaillé sur les pages spectacles pour enfants et médité sur les tranches d'âge adéquates. Les guignols, les théâtres à contes de fées, les films d'animation, les cirques Bouglione et Gruss n'eurent plus de secrets pour nous. Personnellement, j'étais la préposée aux sorties cinéma, j'étudiais donc toutes les critiques de films. Puis nous votions démocratiquement. Et en trichant copieusement, selon les goûts de chacun.

* *
*

Souvent nous écumions le Champ-de-Mars. Ce Champ-de-Mars qui aura marqué – depuis près d'un demi-siècle – de son empreinte affective, ludique, le paysage de nos vies. La mienne, celle de mes fils, de mes petits-enfants.

Une grande partie de mes plans de plaidoirie, des chapitres de mes livres, je l'ai dit, je les « cadrais » dans ma tête en marchant d'un bon pas, à travers arbres centenaires et massifs fleuris du Champ-de-Mars. De la tour Eiffel à l'Ecole militaire, aller-retour une ou deux fois.

Dans les premiers mois, Tahfouna trônait dans son landau. Quelques années plus tard, elle l'abandonna et trottina à mes côtés, le Petit Prince prit sa place, elle se cramponnait alors à l'avant pour m'aider à pousser. Toujours le nez en l'air, toujours l'œil badaud. Petits poneys, voitures tamponneuses, manèges, Tahfouna en général décidait seule. Elle voulait aller vite, montrer son adresse, gagner. Au manège des anneaux – la main armée d'un bâton, il fallait enlever un anneau, puis un autre, à chaque tour –, elle se disait défavorisée car le sens imposait un mouvement de la main droite. «Je suis gauchère, c'est difficile, j'aime pas trop.» Petit Prince la battait largement. Un butin de huit, neuf anneaux contre trois ou quatre pour elle... Ça non plus elle n'aimait pas trop.

Depuis son plus jeune âge, elle cherchait la compétition, voulait se mesurer aux autres, mais exigeait toujours de l'emporter. Elle ne supportait aucune défaite dans aucun domaine. Mauvaise perdante, mauvaise joueuse, elle se fermait, boudait, attendait fiévreusement une revanche.

Ce mauvais penchant – qu'elle perdit vite, reconnaissons-le –, je ne le voyais pas. Ou plutôt, aveuglée par mon amour pour elle, je ne l'estimais pas négatif. Au contraire. «Elle sera une battante, l'émulation c'est un bon moteur, vous verrez...» Et je me lançais dans la liste de ses questions précoces mais, selon moi, extraordinaires. Heureusement, j'étais vite interrompue par un proche : «Arrête, tu perds toute objectivité quand il s'agit de Tahfouna...» Quelqu'un ajouta même une fois, *mezza voce*, «et même toute intelligence». Principe de passion contre principe de raison.

* *
*

Je garde aussi le souvenir très fort de la nostalgie qui marquait le retour de mes petits-enfants chez leurs parents.

Tahfouna se cachait souvent derrière une porte ou sous la table. Je l'ai dit, elle voulait bien retrouver son papa et sa maman mais, elle l'avait répété, et nous y étions sourds, elle ne voulait pas « changer de maison ».

Nous refaisions un sac propre et bien rangé. Nous vérifiions que rien ne manquait, nous y ajoutions les « paquets surprises » pour chacun d'eux.

Je ressentais alors, comme jamais auparavant, un vide dévastateur. Là, au milieu de la poitrine, quelque chose qui modifiait mon souffle. Je restais un moment dans la pièce désertée par elle. Elle qui, en partant, avait affadi, aplati, terriblement modifié la réalité, la soirée, la vie en somme d'« après ».

J'essayais de me reprendre, de regagner une part de cette maîtrise dont j'avais la chance de jouir souvent, dans des situations tendues, difficiles, dangereuses, douloureuses.

Mais rien n'y faisait.

Il fallait du temps. Du temps pour colmater le silence, le blanc du départ, la perspective d'une nouvelle semaine sans eux, sans elle surtout, ma Tahfouna.

* *
*

Août 2000, donc. Totalement épanouis, mes petits-enfants s'appropriaient leur paradis, en ce Guenaïdel né en même temps qu'eux, donc pour eux. Courses dans les champs, arbres escaladés, mûres et fraises traquées dans l'herbe.

103

Très tôt, Tahfouna manifesta une grande proximité envers les animaux. De la coccinelle – qu'elle avait interdit d'écraser même par mégarde – aux chevaux, en passant par les fourmis et les grenouilles.

Rien dans le monde animal ne lui était étranger, elle l'avait très tôt intégré au sien et décidé : «Je serai vétérinaire.»

Le Père venait d'arriver de Paris. Peu bavard et alors que nous lui faisions fête, il montrait un visage soucieux, même dans ses retrouvailles, en général joyeuses avec ses enfants. Il répondait par monosyllabes et regardait souvent droit devant lui quand nous lui parlions. Claude, auquel j'en fis la remarque, la balaya d'un geste, dans le genre «tout le monde a ses problèmes».

Nous repartions tous deux pour Paris, l'Autorité Parentale s'installant à Guenaïdel et prenant la relève pour les enfants.

Moment très difficile pour Tahfouna qui s'accrochait à moi. Je la raisonnais, lui parlais à l'oreille, lui disais nos projets de prochain week-end, tu verras, ça passe vite, ma belle, tu verras...

Le Petit Prince et elle nous accompagnèrent jusqu'à la voiture, courant après qu'elle eut démarré, nous envoyant des baisers de la main.

La maison disparut avec eux dans un tournant de la petite route.

* *
*

C'est le lendemain qu'à mon cabinet je reçus une lettre du Père. Il me faisait part de son mécontentement dans la gestion de quelques dossiers que nous avions en commun. Et de sa décision de mettre fin à cette collaboration. Cette lettre, comme des millions de courriers professionnels analogues, exprimait une volonté d'autonomie. Rien de grave, trancha Claude. Sauf qu'un fils avait la faculté d'en parler avec sa mère. Ou, à la rigueur, si l'on voulait sacrifier au juridisme, l'avertir de la décision et de la missive. Or il s'adressait à moi par LRAR. Lettre recommandée avec accusé de réception. La première d'un fils. Je me disais, contre toute raison, qu'il avait signé cette lettre mais qu'il ne l'avait peut-être pas écrite. Je me répétais ce que Foucault avait écrit (mais à quel propos?) : « Si la lettre a bien un signataire, elle n'a pas d'auteur. » Je divaguais, évidemment sous le coup de l'émotion, du choc.

Et il fallait répondre. J'écrivis donc. Je me contentai d'acquiescer, l'essentiel était ailleurs. Sa décision ne me mettait guère dans l'embarras, mes collaborateurs(trices) m'ayant toujours secondée comme je le souhaitais.

Je terminais par : « Comme je suis ta mère, je ne t'enverrai pas cette lettre en recommandé. »

CHAPITRE XII

Nous ne nous aimons plus

Septembre et une rentrée pas comme les autres. J'imaginais le différend professionnel dépassé bien qu'aucun signe ne nous ait été adressé par l'Autorité Parentale depuis le retour à Paris. J'imaginais que, quelles qu'en fussent les conséquences, un problème de dossiers ne pouvait détruire une histoire de tendresse et de complicité familiales. J'imaginais surtout que nos fêtes du vendredi colmateraient les brèches d'amour-propre, effaceraient les rancunes.

Aussi envoyai-je vite un fax, pour ce premier vendredi de septembre. Précisions sur jour et heure où nous prendrions les enfants. Comme d'habitude, ajoutai-je, nous attendrions leurs parents pour dîner. D'ailleurs, Kamoun serait là. Manu avait gagné d'autres cieux, il avait quitté Paris dès la fin du mois d'août. Et nous préparait déjà de belles escapades en Russie qu'il sut organiser toujours avec un choix très sûr et un vrai talent de cicérone.

Fax en réponse du Père : accord sur les modalités

du week-end des enfants chez nous, mais « le dîner non, nous ne viendrons pas ».

Première blessure, l'affectif se mesure-t-il à une brouille somme toute relative à des dossiers ? Même si le Père estimait être totalement dans son bon droit, l'incident – alors réglé – devait-il distendre des liens aussi forts et en tout cas sans rapport avec eux ? J'essayai de le raisonner, Claude aussi.

En vain.

Trouvait-il son compte dans ce début de rupture ? Quant à moi, je ne la voulais à aucun prix. Je ne voulais pas m'éloigner de mon fils aîné. Je ne voulais pas mettre fin à cette phase heureuse et proche que nous vivions, à travers un métier commun et sa nouvelle famille (du moins est-ce ainsi que je la ressentais). Je ne voulais surtout pas – et l'angoisse commençait de m'habiter – mettre en péril notre relation affective si forte avec nos petits-enfants. Compromettre ce vouloir-vivre commun, passionné, totalement partagé dans lequel, eux et nous, nous étions installés. A l'égard de Tahfouna et du Petit Prince, je ne pouvais envisager la censure, l'interdit, l'absence. Je me reposais sans cesse la même question : une histoire de dossiers anéantirait-elle une histoire d'amour ?

Rien n'y fit. L'Autorité Parentale refusa toute négociation, toute discussion. Il fallut s'incliner.

Nous nous installâmes donc dans un autre rituel. Nous allions chercher les enfants à la sortie de l'école ou chez eux (et n'y rencontrions jamais les parents, la Mère fit tant mal que bien les liaisons nécessaires) avec leur sac. A un certain moment, je ne sais plus sous quel prétexte, nous n'eûmes plus droit au sac. Nous achetâmes alors les pyjamas, vêtements, brosses à dents, cahiers, boîtes de couleurs... Mesure sans gravité même si, sans doute, elle se voulait brimade.

Exit donc la soirée-fête du vendredi. Pendant quelques semaines nous expliquâmes aux enfants l'absence de leurs parents par de vagues raisons : le travail, les empêchements, la fatigue... Mais Tahfouna, en particulier, s'entêtait. Et devenait anxieuse. «Pourquoi nos parents ils viennent plus dîner?» Je crus honnête de lui dire que nous étions «un petit peu» fâchés, que cela arrivait souvent dans les familles, qu'on oubliait vite. «Ou oublie même pourquoi on s'est fâché!» J'ajoutai que les parents seraient toujours les bienvenus, à eux de choisir. Bref, que ce n'était jamais grave puisqu'au fond on s'aimait...

Explications rapportées au Père. Démenti cinglant. Nouveau fax : «Vous leur [aux enfants] mentez. Je leur ai dit que nous ne nous aimions plus.»

Choix évident de la rupture. Celle que je craignais par-dessus tout, que j'avais tenté d'éviter. Rupture brutale, douloureuse, radicale. Les dommages collatéraux? M. et E. Dans de telles circonstances, ils devenaient le risque essentiel. Ces propos pouvaient les conduire à l'angoisse, à la découverte de la précarité affective, à une forme de peur de la vie. Comment des parents ne le comprenaient-ils pas?

Pour eux, petites têtes aimantes, le lien entre parents et enfants, entre grands-parents et petits-enfants ne pouvait être qu'indestructible. Eternel, même, puisqu'ils ne savent pas imaginer la mort.

Vint donc la question fatale : « Tu crois que mes parents ils m'aimeront plus un jour ? » Tahfouna en tremblait presque.

Elle reposa, à plusieurs reprises, la même question, pourquoi, oui, pourquoi on ne s'aime plus. Elle s'entêtait, alternant silences et insistance, me signifiait en tout cas qu'elle n'était pas dupe, que l'amour en cause, l'amour fragile pouvait disparaître et qu'elle le savait.

Je raisonnais, accommodais des histoires où les mots pouvaient exprimer le contraire de leur sens. Un seul but me guidait, la ménager, la protéger, lui fabriquer des air-bags du cœur.

Je voulais surtout sauver en elle cette faculté extraordinaire, pour moi unique, d'aimer.

Mais même quand elle semblait acquiescer d'un petit signe de tête, d'un mot, ses yeux signifiaient le contraire. Je la prenais alors dans mes bras, la berçais en lui murmurant que nous deux, notre secret, nos secrets, nos aubes partagées et nos vies mêlées, ici comme sur la Lune, tout ça, non, ça ne pouvait ni changer ni disparaître.

Jamais, jamais.

* *
*

Le besoin de sécurité des enfants n'est plus à démontrer. Besoin de certitude, de permanence, de pérennité, besoin vital. Enseigner l'éphémère de la tendresse à deux jeunes enfants risque de les choquer gravement, de les déstabiliser.

Plus tard, nous le savons, l'observation, les lectures, l'expérience elle-même mettront en question cet absolu. Peut-être même jusqu'à sa négation. Mais plus tard, justement. Quand se consolident les représentations, quand s'estompe la fragilité de la première enfance, quand naissent les facultés de rebond, de «résilience», disent les psys. Sinon, l'enfant s'installe dans le mal-être.

La longue souffrance de Tahfouna en témoigne. Le Petit Prince, exempt du tempérament naturellement anxieux de sa sœur, sembla s'en tirer à meilleur compte. Du moins à ce jour

CHAPITRE XIII

Les capitales du monde

Durant des mois – seize exactement – le nouveau train-train se poursuivit. Nous allions chercher les enfants à l'école, bavardions avec leurs *instits*, faisions une halte-sac au domicile de l'Autorité Parentale et cap sur le 102. Au préalable, fax de confirmation au Père, pour la bonne règle.

A l'arrière de la voiture, Tahfouna et son frère rivalisaient dans leurs numéros respectifs. Tahfouna voulait à tout prix réciter un poème. Mais à Claude seulement : « C'est lui le poète, vous, fermez vos oreilles. » Alors que le Petit Prince tentait de couvrir la voix de sa sœur, « 1, 2, 3... », tout à la fierté de compter jusqu'à 20.

Cette joie unique de nos retrouvailles demeurait intacte. Je crois qu'elle traduisait un réel besoin des petits-enfants. Le climat de brouille installé entre leurs parents et leurs grands-parents n'enlevait rien à leur impatience du vendredi soir. Ni à la nostalgie du retour chez eux. Avaient-ils surmonté le problème ? Je ne le crois pas. Ils l'avaient provisoirement intégré, en attendant des jours meilleurs.

Tahfouna continuait de jouer l'intermédiaire entre ses parents et nous, transmettait les messages. Je l'appelais la «super diplomate». Elle affirmait à ses parents que nous les attendions pour le vendredi suivant, nous rapportait qu'ils ne pourraient pas venir, ajoutait attristée : «Mais pourquoi, pourquoi, on est séparés comme ça?» Et les week-ends succédaient aux week-ends. Sans l'Autorité Parentale.

L'Autorité Parentale s'était sans doute largement justifiée de sa décision de rupture. Mais en même temps, elle prit conscience de l'importance de notre lien avec ses enfants. Lien riche et complexe, indépendant de nos humeurs ou disputes. Et, en cela, elle avait fait preuve d'une grande sagesse.

* *
*

La mappemonde intéressa très tôt Tahfouna. Puis elle se mit à feuilleter des atlas multicolores. Je pense que mes récits de voyages comme les livres offerts l'y incitèrent. La description de certaines grandes villes étrangères – les capitales – lui donna la curiosité de les nommer, de les situer. Curiosité qui devint plaisir et alimenta son imagination. Elle voulut apprendre et retenir leurs noms et ceux de leurs pays.

En accord avec elle, j'avais classé les capitales en trois groupes : les «très faciles», les «faciles» et enfin les «difficiles». Elle refusait toute autre modalité dans l'établissement des listes.

J'avais commencé par les «très faciles». Comme Alger : Algérie; Tunis : Tunisie; Brasilia : Brésil;

Mexico : Mexique, aux repères phonétiques. En les mêlant à des «faciles». Rome : Italie; Bruxelles : Belgique; Madrid : Espagne... parce que proches et souvent évoquées dans les conversations. Et tout de même son petit lot de «difficiles» (Chili, Argentine, Afrique du Sud).

Je me souviens de son immense fierté quand elle posait aux «adultes» la question : «Et le Timor, la capitale, c'est quoi?» Tu savourais ton plaisir, ma toute belle, tu te dandinais avec importance, tu donnais une ou deux minutes de réflexion. «Tu ne sais pas le Timor, c'est nul!» Puis, impatiente de triompher, de savourer ta victoire, tu lançais : «C'est Dili! Ecris-le, DILI [Elle l'épelait.] pour l'apprendre...» Timor et Dili, c'était l'apport original du *Monde diplomatique*. Nos lectures certes, mais un petit défi lancé un soir par son oncle, celui qu'elle appelait Tonton Kaboul, qui voulait mettre un peu d'originalité dans la liste.

En fait, après lui avoir appris «Delhi, capitale de l'Inde», je lui avais suggéré, l'atlas ouvert sur nos genoux : «C'est facile, pour le Timor ça ressemble. Delhi pour l'Inde, Dili pour Timor, facile à retenir?» Elle avait retenu et en faisait le joyau de «son savoir-capitales».

*   *
*

Je l'avais accompagnée pour sa première visite chez le dentiste, le 3 décembre 1999. Son extrême timidité, son silence comme souvent en présence

de tiers, quelquefois même son inhibition blo-
quaient un dialogue que le praticien estimait nécessaire. Elle ne répondait pas, tantôt regardait le sol,
tantôt me prenait la main, craintive.

J'avais aperçu, en entrant dans le cabinet, des
diplômes canadiens, au-dessus de son bureau.

— Tu sais, le docteur est canadien, dis-lui quelle
est la capitale du Canada.

Elle secoua la tête, fit non, hésita puis lâcha
d'une voix basse, à peine audible :

— Ottawa.

Sifflement admiratif du dentiste-pédiatre. Tahfouna
se redressa.

— Je suis sûre que le docteur ne connaît pas la
capitale du Timor, lui soufflais-je.

Et en effet, comme beaucoup, il ne savait pas.

— Non, je ne sais pas.

Oui, mais Tahfouna, elle, sait... Nouvelle hésitation. Ma petite-fille me regarda :

— Dis-lui, ma belle, dis-lui...

Elle continuait de se taire, hésitait, puis lâcha :

— Dili.

Voix douce, cependant plus assurée. Elle regarda
autour d'elle, effet garanti.

— C'est formidable ! Comment fais-tu pour te
souvenir de tout ça ?

Rose de fierté, elle refusa de donner la recette,
avec une certaine coquetterie. Mais se prêta sans
difficulté à l'examen. Alléluia !

* *

*

Claude et moi lui avions promis que, à partir de huit ans, nous l'emmènerions visiter quelques-unes de ces capitales dont elle connaissait le nom, «enfermées dans les petites boîtes de ma tête», disait-elle. Pour les ouvrir, elle faisait «clic, clac», tapotait son crâne, avant de répondre aux questions.

Nous comptions bien égrener ces noms pendant les années à venir, partager les voyages dans les pays mitoyens, puis les plus proches. Pour les autres, l'avenir y pourvoirait.

Ce projet, Tahfouna le construisait, le voulait concret. Elle le rappelait souvent dans nos conversations. Et elle se révéla douée pour que tous les détours nous y conduisent.

Ainsi par exemple elle ajoutait après le «dis-moi notre secret» et la réponse convenue : «Oui, on est amoureuses... mais à Rome, Mamie!» Ou à Madrid, ou à Berlin, selon le jeu du moment.

Le Petit Prince, lui, attendait impatiemment son tour. Etait programmé, pour lui, justement au printemps 2002, un voyage à Venise. Il l'avait choisi pour ne circuler qu'en bateau et manger du foie à la vénitienne. Dont il ferait une de ses spécialités plus tard car il comptait alors devenir cuisinier. Il avait d'abord dit : «Moi aussi, je veux Rome», puisque sa sœur l'avait épaté avec le récit de son voyage avec nous, mais il se fixa finalement sur Venise.

* *
*

115

Voyager avec nous la sacrait reine de quelques jours. Elle décidait des balades, restos, achats, souvenirs...

Mais elle refusa de considérer notre séjour à Saint-Paul-de-Vence comme «voyage» et donc d'accepter qu'il lui fût décompté. «C'est pas une capitale», affirmait-elle avec une certaine prétention. Mais c'est un paradis qu'il lui fallait connaître. Je faisais souvent une retraite à Saint-Paul. «J'entre en écriture», disais-je. Claude me rendait visite certains week-ends.

Je m'autorisais alors une courte pause pour monter au cimetière du Château qui surplombe dans la splendeur et la lumière la baie de Nice.

Je déposais quelques fleurs sur la tombe de mon père et relisais les mots d'Aragon que j'y avais fait graver : «Toi qui vas demeurer dans la beauté des choses...» Sans trop pouvoir l'analyser, ce moment m'apportait toujours une sorte de sérénité vaguement panthéiste.

Au retour, arrêt gastronomique oblige, la bouillabaisse du Vieux-Port.

Lors d'un de ces week-ends, donc, Claude arriva avec ma petite-fille qu'il était allé chercher à l'école le vendredi, avec l'accord des parents, évidemment.

Comme depuis quelque trente-cinq ans, je m'étais installée pour quelques semaines à *La Colombe d'Or*, «ce plus bel endroit du monde» selon Romain Gary. «J'ai connu bien des pays et des palaces, m'avait-il dit, mais le charme de la *Colombe* est unique.» Une Colombe faite d'éternités vertes, de vallée heureuse, de murs couverts de tableaux des peintres les plus grands (Braque, Picasso, Matisse, etc.), des mille raviers immuables de hors-d'œuvre provençaux. Et toujours, cette familiarité de bon aloi du personnel dont je constate à chacun de mes séjours qu'il blanchit dans le travail et la fidélité.

J'y retrouvais souvent Signoret, quelquefois Montand. Pour un verre, pour un innocent à sauver, une star ou un homme politique à liquider (dans nos commérages). Habituée de l'«annexe», je m'installais toujours dans le même appartement aux meubles de ferme anciens, briqués, impeccables. Sartre et le Castor l'occupèrent, pendant des vacances de printemps, et dirent leur enchantement. Loin de l'agitation de l'auberge les jours d'affluence, situé à quelque cinquante mètres, tout au bout d'une allée en pente douce, l'appartement surplombe une vallée de cyprès et de mimosas. La lourde clé dans ma poche, j'avais vite le sentiment d'être chez moi.

Je montrais à Tahfouna ces arbres, ces oliviers qui semblaient porter la terrasse en hauteur. La sculpture, un doigt géant de César qui trône à l'entrée, l'amusa mais ne la surprit guère. « C'est pas difficile une statue comme ça... un doigt. » Je me souviens encore de son sérieux à table, la même table ronde près de la cheminée depuis trente ans. Elle jouait avec l'immense menu, regardait autour d'elle pour s'assurer qu'on la regardait, nous imitait dans les hésitations, les questions sur les plats proposés. Bref, elle faisait la grande comme je le lui avais fait remarquer.

Visite de la Fondation Maeght et de son musée entre ciel et mer. *Les hommes qui marchent*, ces chefs-d'œuvre de Giacometti l'impressionnèrent. Elle tournait autour, y retournait, les touchait, songeuse. Elle voulut des cartes postales pour ses copines.

Son choix, tous ses choix d'ailleurs, me concernaient, m'intéressaient. En fait, je notais inconsciemment – pour les mesurer, les comprendre – ses goûts, ses tropismes, ses avancées. Je n'avais jamais cessé de la sentir comme partie essentielle de ma vie.

A Nice, tour obligé à l'hôtel Negresco, « là où le pépé de mon papa venait chercher Santakara-mustapha ? ». Course intrépide sur le sable froid de la plage à la sortie.

Visite à E. le Magnifique au cimetière du Belvédère. Tahfouna déposa sur la tombe les anémones choisies pour leur bleu-mauve. Au retour, elle parla de la mort, comme souvent les enfants. De son angoisse, car elle lui emporterait ceux et celles auxquels elle se sentait soudée.

Elle me demandait souvent mon âge.

Je lui avais fait croire que j'avais vingt ans et n'en bougerais pas, justement pour conjurer ses craintes de la vieillesse, de la mort. L'Autorité Parentale la ramena vite à la réalité. Je faisais alors valoir que l'on peut vivre jusqu'à cent ans, plus même. Que j'en avais l'intention.

— Mais tout le monde meurt ?
— Oui, tout le monde.

Un soir, dans la cuisine, elle devait avoir six ans, elle posa sa fourchette, rangea les spaghettis qui

118

débordaient de son assiette. Et, les yeux vers la fenêtre, d'une voix claire, annonça : «Moi, quand je serai morte, je veux être enterrée avec Mamie.» Puis, plus enjouée : «Comme ça, on ne se quittera jamais...» Elle reprit son couvert, ses spaghettis et sa dispute avec Petit Prince.

(En fait, je veux être incinérée, mais le lui dire était prématuré. Et pouvait même la perturber, provoquer des questions inopportunes, peut-être macabres. Je gardai donc le silence.)

* *
*

Retour à Paris, lundi soir. Elle se regarde dans la jolie robe provençale, faite de carrés à dessins différents placés en pointe (je l'avais baptisée «Esmeralda») qu'elle a choisie dans une boutique du village. Elle lui sied à merveille, met en valeur son physique de brune. Pour le Petit Prince, un ensemble pantalon et tee-shirt d'une absolue fraîcheur. Nostalgie et silence buté au moment des adieux. Claude la tire par le poignet, l'installe dans la voiture. Elle sort un petit bras, elle hésite, elle ne veut pas faire le geste. Elle finit par l'agiter au tournant, mollement.

Voilà, ils sont partis, je retourne à mon manuscrit, avec une sorte de vague à l'âme.

* *
*

«Italie?» «Capitale : Rome.» Tu as gagné. Nous t'y emmènerons en septembre. Ce long week-end, vendredi à lundi soir, du 24 au 27 septembre 1999, foisonna de souvenirs heureux. Tahfouna, en souveraine incontestée, essayait sur ses cheveux les couronnes de bougainvillier que Claude lui avait tressées. La terrasse de notre appartement, dans ce vieil hôtel de la place Montecitorio, près du Parlement italien, en regorgeait. La vue sur les toits de Rome et ses coupoles enchantait Sartre et Simone de Beauvoir qui s'y installaient pour un ou deux mois tous les étés. Tahfouna, réclamait, elle, photo sur photo. Elle se regardait avec complaisance, virevoltait dans sa robe achetée à l'aéroport, parsemée d'immenses fleurs roses et orange sur fond rouge. Elle voulut garder pour sortir le soir au restaurant sa couronne de fleurs. Nullement gênée ou intimidée par les regards flatteurs qu'elle suscitait, elle s'installait, commandait, coupait maladroitement ses lasagnes, commentait sa découverte du matin, le Colisée, «le cirque des Romains».

Au Colisée, photo obligée avec un gladiateur postiche. Un de ces Romains avec son déguisement de carton-pâte, loué le temps de la pose. Elle remplit ses cartes postales, après une série de brouillons où elle racontait ses pérégrinations italiennes et sa fierté d'être traitée en adulte.

Mais dans sa petite chambre attenante à la nôtre, elle avait exigé que demeurât allumée une lampe.

Et à l'aube, comme à toutes les aubes que nous avons partagées, elle se glissa près de moi dans mon lit et m'entoura le cou de ses mains, avant de se rendormir.

*   *
*

Les voyages, Tahfouna ne les aimait guère quand ils m'éloignaient d'elle. «Tu voyages trop, Mamie, tu fais trop de conférences.» Et lorsque je justifiais ces absences, elle rétorquait qu'il suffisait de dire non, qu'ils aillent chercher d'autres mamies, mais pas toi. Logique d'adulte, en somme.

Je commençai dès mon arrivée à l'hôtel (quelle que soit la ville) à réclamer l'installation d'une ligne téléphonique directe. Pourquoi? Parce que passer par le standard de l'hôtel effrayait alors ma petite-fille, qui, paralysée par sa timidité, n'osait assumer le dialogue habituel, «S'il vous plaît, madame, je voudrais parler à ma Mamie.» Ce qu'elle avait tenté une fois. Elle avait raccroché épouvantée quand on lui avait demandé qui était sa Mamie!

Ainsi, au Mexique comme à la Guadeloupe, après avoir calculé le décalage horaire que je lui avais inscrit sur son petit carnet, elle appelait. Le téléphone sonnait et tout changeait. La petite voix, très fluette au début – «C'est moi, Tahfouna...» –, me racontait l'école, les méfaits du petit frère, le dimanche au jardin d'acclimatation. Et moi je lui décrivais le ciel, l'oiseau de toutes les couleurs sur ma terrasse de Puerto Vallarta ou la salle de bains aux murs de verre du Gosier (Guadeloupe) où, de la baignoire, on pouvait jouir d'une vue prodigieuse sur l'océan entre les cocotiers.

Nous prenions rendez-vous pour le lendemain, le surlendemain... Je la sentais fière de réussir seule à traverser l'océan qui nous séparait et à nous relier par la voix, le fil. Et, ainsi, nous ne nous quittions pas.

« Que veux-tu que je te rapporte ? Et au Petit Prince ? » Cadeaux innombrables, divers, d'artisanat en général, des vêtements, des jouets, des reproductions en petits personnages de paille ou de céramique, de scènes de la vie de ces pays lointains... Et surtout, ce qui les enchantait, tous les deux, cette moisson de petits pots de confiture et de miel de toutes sortes que je piquais sur mon plateau du petit déjeuner. Tahfouna, si difficile, si réticente à se nourrir, si exigeante, se jetait sur ce butin et dévorait à belles dents ses tartines.

Pour la séduire, dans la vie quotidienne, Claude et moi avions inventé des plats, des histoires exotiques, des anecdotes sur tout. Nous transformions pour elle les repas en plateaux de canapés alléchants. Pour varier la présentation, pour la tenter, pour la voir enfin se nourrir avec plaisir...

Après ces efforts épuisants, avoir le Petit Prince à table avec nous nous réconfortait. Il adorait la nourriture, quelle qu'elle fût et laissait joyeusement libre cours à son appétit.

*   *
*

Quand j'étais «loin, dans mes voyages», Tahfouna et le Petit Prince n'écoutaient plus de musique. Celle de Mozart et les enfants qui vont jouer avec les oiseaux – toutes sortes d'oiseaux, des pélicans, des mouettes... – au bord de la mer. Ou de Schubert – *La Jeune Fille et la Mort*, le plus beau quatuor du monde – avec la jeune fille très malade mais qui guérit grâce au docteur savant qui l'emmène danser et chanter en guise de traitement. Les enfants vont à la mer, ces mesures font le bruit des vagues, ils vont aider les pélicans – poème de Musset – à nourrir les petits. Ils s'approchent, quelques enchaînements saccadés. Cet andante, les mouettes arrivent...

En fait, je construisais des livrets pour chaque œuvre, comme pour les opéras. Mais des livrets pour enfants, avec des histoires pour eux, pour accrocher leur attention. Un jour, avec Schumann je crois, dans *Scènes d'enfants*, je leur racontai ma découverte éblouie au Mexique de ces tortues marines qui vont sur le rivage pour mettre au monde leurs petits, puis retournent aussitôt dans l'océan. Les nouveau-nés se juchent alors sur la carapace de leur mère ou tentent de nager, par réflexe vital, pour les suivre. Je ne m'appesantissais pas trop sur le fait que de grands oiseaux exotiques piquaient sur elles et les dévoraient pour la plupart. Et aussi que les mères tortues ne se préoccupaient en rien de leur progéniture, preuve si besoin est de la relativité de l'instinct maternel chez les bêtes comme chez les humains. En résumé, sur fond sonore de musique classique, j'inventais une histoire que les enfants suivaient, émerveillés, en rythme. Je crois que l'enchaînement des contes, leur dramatisation ou leur *happy end* leur donnaient envie de musique. De cette musique. Ils aimaient ces mélanges et j'aimais les partager avec eux.

Je revois encore, dans les yeux grands ouverts de Tahfouna, ce regard qu'elle attache au mien, comme pour mieux suivre, mieux comprendre les rythmes et les mots. Pour mieux les vivre en symbiose avec moi. Et pour cela, ne pas se lâcher, ne pas se couper l'une de l'autre. La musique, le regard, la passion.

CHAPITRE XIV

La disparition

« Norvège ? Capitale : Oslo. » Je crois que c'est la dernière capitale enseignée à Tahfouna. Elle en connaissait trente-trois et elle précisait toujours « dans tous les cinq continents ». La Norvège ne lui était pas complètement inconnue. Elle trouvait ce pays « hyper beau » avec ses grands bateaux et son saumon « génial ». Je commençais à m'habituer aux super, hyper, génial, cool et au vocabulaire « top » de Tahfouna. J'aimais particulièrement les « c'est trop bon, c'est trop beau » qui me semblaient émotifs, chargés d'une grâce appuyée. Il y a le « bon », le « beau », le « très beau », le « très bon ». Mais seul le « trop » traduit une plénitude dont vous êtes rassasié, plus que gratifié. « Trop », c'est l'excès, ça déborde, attention : danger de bonheur.

Avions-nous amoncelé trop de bonheur avec nos petits-enfants ? Péril en la demeure ? Allions-nous payer (mais pourquoi ?) cette entente lumineuse ?

Ils furent un jour brutalement boutés hors de notre vie. 13 décembre 2001, notre dernier week-end ensemble. Une trappe s'était ouverte et l'abîme de l'absence les avait engloutis.

Ils disparurent, corps et biens. Cette période irréelle, celle qui signifia pour nous le malheur, je l'ai appelée la disparition.

* *
*

L'Autorité Parentale nous signifia que nous ne verrions plus nos petits-enfants.

Ce lien qui avait cimenté depuis près de dix ans de jeunes enfants à leurs grands-parents, elle le rompait brutalement. Du jour au lendemain.

Pendant quelque temps, je perdis le sommeil, ce qui m'arriva rarement dans une vie pourtant compliquée, exposée.

Lors de mon arrestation à Alger par les paras putschistes du 13 mai 1958, par exemple, j'avais fini par m'endormir sur le sol du cagibi d'un centre de tortures, notoirement connu pendant la guerre d'Algérie.

J'allais être fusillée, l'officier me l'avait annoncé. J'ai déjà raconté comment, pour ne pas céder à la panique ou sombrer dans la folie, je m'étais endormie[1]. Après tout, je connaissais les risques, je les avais pris en connaissance de cause. Défendre des nationalistes algériens pendant la guerre d'indépendance ne permettait pas de laisser couler sa vie

1. *Cf. Le Lait de l'oranger*, Gallimard, collection «Blanche», 1988 ; Folio, 1990 ; Pocket, 2003.

comme un long fleuve tranquille. Ces risques, je devais les assumer. Il suffisait, ce jour-là, dans ma tête, de devancer l'événement. De me voir, de me sentir comme étant passée brusquement de l'autre côté. De mourir – toujours dans ma tête – avant la mort. Sourde aux injures obscènes de mes gardes, derrière la porte verrouillée, j'ai alors ôté ma robe, l'ai étendue sur le ciment nu de la cellule et, déjà détachée de moi-même, déjà ailleurs, je me suis endormie. *Vraiment* endormie. Mes enfants – cinq et trois ans – m'occupèrent l'esprit, un instant, comme une série de photos. Une mère morte, hors jeu, ne peut rien, elle a quitté leur monde.

* *
*

Depuis ce que Claude et moi continuions d'appeler « la disparition », comme pour impliquer un acte de sorcellerie, un complot à l'issue dramatique dont la clé nous échappait, je consacrais une partie de mes nuits à tenter de comprendre comment, pourquoi un tel coup avait pu nous frapper. Je m'obstinais. Dans ma chambre inondée de lumière, je revivais l'enfance du Père, mon rôle de mère, les événements marquants de son adolescence, de sa vie. Sa vie, nous n'en connaissions d'ailleurs pas toute l'intimité. Assez secret, le Père avait pris quelquefois des distances avec nous tous, la famille. Expliquer, m'expliquer la rupture me parut au-dessus de mes forces, de ma connaissance des ressorts psychiques. Sans doute l'approche nécessitaitelle le retour à l'enfance du chef, le Père, à ses traumatismes et non-dits que je n'avais jamais perçus. Comme nous en avons tous. Comme nous les occultons tous, dans l'inconscient. Blessures sans noms et sans soins que nous enfouissons au plus profond de nous-mêmes. Je finis par renoncer.

Du fond de ce trou abyssal où il nous avait précipités Claude et moi, je ne questionnerais plus. Je ne me questionnerais plus. Au mal de la vieillesse s'ajoutait celui d'une souffrance inattendue. Terriblement injuste. Souffrance de la souffrance.

* *
*

J'ai appelé Tahfouna pour son anniversaire en 2002, 2003, 2004. Le 12 août, ils sont dans la maison drômoise, numéros de téléphone inchangés. De Tunisie, j'appelle chaque fois à deux ou trois reprises.

Une petite voix apeurée. «Oui... C'est moi... Oui... Non... Oui... Non...» Pas une phrase, pas un «Mamie», de longs silences. Alors je tente le tout pour le tout : «Tu es seule?» Hésitation après un «oui» difficile. «Alors, tu peux me dire notre secret... Ma chérie... C'est toujours vrai, c'est *notre* secret, tu sais....» Silence qui se prolonge. «Dis-le, dis-le-moi...» En proie à l'émotion, j'insiste. Elle ne le dira pas. Est-elle vraiment seule, vraiment libre? «Alors puisque je suis sur la plage et que personne ne m'entend, je le dis, moi.» Je lâche, comme dans un murmure désespéré : «On est amoureuses...»

Et, tout à coup, dans une fulgurance, elle prononce vite : « Oh, oui, oui, oui » d'une voix saccadée. Elle ne dira plus rien. Je ne la rappellerai pas. A quoi bon? En septembre elle rentrera à l'école, je ne saurai rien d'elle. De son cahier de notes, de ses dates de vacances, de Jonathan qu'elle aime puisqu'il l'aime avec les yeux, de sa découverte des autres, de son approche de notre monde

Une fois j'ai osé.

— En quelle classe seras-tu cette année?

— En cinquième... » me souffla-t-elle rapidement. Je me retins, j'allais lui demander les dates de ses vacances. Jadis nous prenions, à l'école même, le tableau pour prévoir les week-ends avec samedis « libérés », les vacances, les petites et les grandes.

Le dernier tableau-calendrier de l'année scolaire pour le premier degré de l'académie de Paris, zone C, je l'ai punaisé en septembre 2001 sur le mur de ma chambre. Le dernier.

* *
*

J'ai beau me dire que la disparition n'est pas la mort, je n'y trouve pour nous aucune différence. Je dis, j'écris, « ma disparition », alors que je porte en moi *leur* disparition. Basculée dans les souvenirs d'« avant », je trouve un goût de cendres aux photos, aux messages.

C'était « avant ». Ils vivent, ils vont vers leur avenir d'homme et de femme, je ne peux même pas leur murmurer que cet avenir je le veux pour eux plein d'oranges bleues, de réussite, d'amour. Il m'arrive de les imaginer, Tahfouna adolescente, grande, plutôt dégingandée, cheveux noirs sur les épaules, ses longs cils battants, le regard aigu. Le Petit Prince fort et beau, champion sportif peut-être. Mais ces images du côté de la vie ne me sont plus accessibles. La réalité, c'est la disparition. Escamotage de notre univers affectif. La disparition de cet univers, justement. Je n'entends plus leurs voix, je ne sais plus quels poèmes ils récitent, quels amours de classe ils nouent. Je ne les vois plus. Je n'aurai pas appris à Tahfouna la capitale d'un trente-quatrième pays, nous n'irons pas dans les autres, nous n'emmènerons pas le Petit Prince à Venise au printemps 2002. Je ne piquerai plus pour eux dans les hôtels les pots de confiture et n'y exigerai pas de ligne directe, de toute manière détrônée par les téléphones mobiles. Je ne les prendrai plus par la main pour compter les étoiles, je ne partagerai plus les histoires, lues ou inventées pour eux.

Les liens se distendent vite. Les rites du quotidien, avec leur force insoupçonnée, le ballet des autres (paysages, écoles, amis...) entraîneront mes petits-enfants vers d'autres cieux. Ceux d'où seront peut être absentes les étoiles du désert. Le temps qui passe rendra difficile le « raccord », si un jour... Un jour. Quand ? Plus tard, si nous sommes réunis. Le « raccord », c'est le travail de deuil à l'envers, faire vivre, survivre, ressusciter même, les souvenirs, les sentiments. Adhérer au présent des retrouvailles en oubliant l'oubli, en effaçant l'effacement. La disparition permet-elle plus tard de raccrocher l'ave-

nir dans le temps? Et de rétablir, à leur place,
l'affectif, l'imaginaire de jeunes enfants brutalement coupés de ceux qu'ils aimaient?

Comment l'auront-ils vécue, eux, la disparition,
la nôtre? Ils ont sans doute interrogé, posé des
questions, avec leurs raisonnements d'enfants qui
n'en bannissent pas la raison. Puis fait silence car ils
n'auront pas compris. Doit s'ensuivre le couvercle,
le refoulement, pour ne pas avoir mal.

Enfin l'oubli.

* *
*

La vieillesse complique, aggrave, creuse l'abîme
de l'absence absolue. La douleur vrille plus les
cœurs fatigués, la vieillesse est émotive, on le sait.

Un passé cristallisé, étanche, et, devant soi, un
minuscule bout de route à parcourir le mieux possible, si tout va bien.

* *
*

Des vers de Victor Hugo me revenaient souvent
en mémoire. Ses disparus à lui avaient été engloutis
par un noir océan, par une nuit sans lune. «Oceano
Nox.»

Les miens, mes petits-enfants, vivent mais engloutis dans l'opacité de l'absence, ils s'y noient, hap-
pés, liquidés par un tour de sorcellerie.

CHAPITRE XV

L'art de ne plus être grand-mère

Journée de rendez-vous au cabinet.

Je vais commencer ma troisième consultation.

Les deux précédentes m'ont mise à l'épreuve. D'abord un viol. Je ne m'habitue pas. Cette mort de la femme dans la femme, aucune compassion ne l'efface ou n'en atténue le caractère irrémédiable. La victime dit sa vérité, elle veut qu'on l'admette. Et que justice soit faite. Sinon, elle serait livrée à un second viol. Un cri suivi d'un appel au secours.

Au rendez-vous suivant, une jeune femme étrangère tenant par la main une fillette de trois ans veut être «régularisée». Des papiers administratifs pour séjourner en France, travailler, laisser sa fillette à l'école maternelle où une chaîne de solidarité s'est formée pour la soutenir, bref vivre normalement.

Je consulte les pièces qu'elle a sorties d'un sac de plastique. Je lui dis mon pessimisme. Je ne ferai pas de miracle, les décideurs politiques ont donné un autre visage à la France, terre d'accueil.

Un peu lasse, je retourne au salon d'attente. Une dame âgée, vêtue strictement, un gros dossier à la main. Installée en face de moi, dans mon bureau, elle commence d'une voix d'abord calme son récit.

Je regarde, j'écoute cette grand-mère à laquelle sa petite-fille a été enlevée. Elle a employé à plusieurs reprises le mot «enlevée». Pendant six ans, elle l'avait gardée, aimée, aidée à grandir. Puis, voulant sans doute régler des comptes, dit-elle, sa bru et son fils la lui avaient «enlevée».

Au fur et à mesure qu'elle progresse dans ses explications, son visage s'altère, ses phrases se heurtent. «Maître, je veux la revoir, lui parler, comme avant...» Après un bref silence, elle décrit dans les détails le jour de l'«enlèvement». Nouveau silence. Puis, brusquement les larmes aux yeux, presque dans un sanglot, elle revendique : «C'est ma petite-fille, quand même, et depuis qu'elle est née...» L'émotion la submerge, elle doit s'interrompre. Elle rentre son mouchoir de papier dans sa poche et me signifie d'un petit geste qu'elle a retrouvé son calme. Aux questions que je pose – oui, elle l'emmenait régulièrement en vacances dans sa maison de l'Ardèche, pas loin de celle de Jean Ferrat. Non, les parents ne venaient guère, ils en profitaient pour aller camper avec un couple d'amis. Non, sa petite-fille – elle s'appelle Elodie – ne savait pas vraiment écrire encore, songez, six ans à peine. Oui, elle ira au procès, si la loi peut mettre fin à cette monstrueuse injustice, la sortir des ténèbres où l'a plongée l'«enlèvement», elle répond maintenant sans hésitation et même avec une certaine détermination.

Le malheur transformait une mamie en combattante.

— Ils ne peuvent pas empêcher Elodie de m'aimer, d'ailleurs, elle va le leur dire... Vous allez voir...» Ses yeux brillent, une folle espérance sans doute. «Non, ils ne pourront pas... Ils ne pourront pas nous séparer...» Elle me fixe. «Ils ne pourront pas, n'est-ce pas? Il y a la loi...»

La loi, hélas, reste restrictive dans son application. J'ouvre mon code civil et lis à haute voix :

— Art. 371-4 : L'enfant a le droit d'entretenir des relations personnelles avec ses ascendants. Seul des motifs graves peuvent faire obstacle à ce droit[1] ». J'ôte mes lunettes. «Cela signifie, madame, que les parents peuvent les trouver et même les inventer, ces motifs graves... Vous comprenez?

Non, la grand-mère ne comprend pas.

— Mais quels motifs? Je ne peux pas faire de mal à Elodie...

J'explique. Un différend, des disputes entre parents et grands-parents, un mauvais climat peuvent être retenus comme des facteurs déstabilisants, négatifs pour l'enfant et «son intérêt», dit la loi. Le procès lui-même, l'adversaire...

— Oh, non, maître, non, c'est mon fils, il ne peut pas devenir un «adversaire»...

J'enchaîne, malgré l'interruption :

— Les parents recenseront les incidents, les accidents, ils les créeront de toutes pièces s'il le faut. En fait, il leur suffira de démontrer l'existence d'un risque, même ténu, même hypothétique... Principe

---

1. Rédaction antérieure à la loi du 5 mars 2007 qui n'a apporté que quelques légères modifications.

de précaution ou manque de courage, les juges choisiront le statu quo.

Elle baisse la tête accablée, «alors, il n'y a rien à faire...», d'une voix basse, elle constate. elle n'interroge plus. La loi, dure loi, mon propos plutôt dissuasif l'avaient renvoyée à sa solitude

        *   *
       *

En lui parlant, je me sentais double, dédoublée. Avocate et donnant les clefs d'une procédure à une grand-mère désemparée et moi-même grand-mère désemparée, souffrant de la même blessure, pour laquelle je me croyais pourtant anesthésiée. Avocate et plaignante, toutes causes confondues. Je me voyais au tribunal, en robe, à la barre. Mais en larmes.

Par réflexe professionnel j'ai gardé – heureusement – une certaine maîtrise de moi-même. Cette guerre civile – la pire mais la plus banale – entre les proches, je l'avais intériorisée. Depuis le fond des temps, les familles s'aiment, se haïssent, se combattent, se retrouvent quelquefois, s'oublient souvent. La violence des mots et les règles du prétoire ont remplacé la liquidation physique.

— Ça peut durer combien de temps, maître, un procès?

Question concrète qui me ramène à notre consultation. Je dois aider cette femme, je suis son avocate, je représente pour elle l'ultime recours. Mais que lui dire, que lui promettre sinon lui laisser espérer que le temps, un événement inattendu pourront bousculer la donne.

— Nous en reparlerons dans quelques semaines, revenez me voir, madame, je vais réfléchir...» Je la prends alors par les épaules et, d'un ton faussement gai, je lui affirme : «Je trouverai bien une solution...»

Lorsque je la raccompagne, elle me semble moins voûtée qu'à son arrivée, et sa poignée de main plus chaleureuse.

— Il faut qu'elle me soit rendue, c'est ma petite-fille, répète-t-elle en me saluant.

Après son départ, je restai assise à mon bureau, dans l'obscurité. Une réalité inéluctable s'imposait aussi bien à cette grand-mère interdite de petite-fille qu'à moi-même.

Nous étions des grands-mères et nous n'avions plus de petits-enfants. Ce temps déraisonnable, il fallait l'intégrer à notre vie. Apprendre l'art de ne plus être grand-mère. Pour continuer le chemin, si court, qui est le nôtre.

Le visage bouleversé de la grand-mère d'Elodie avait rouvert la plaie.

Je croyais à l'accoutumance au malheur, au quotidien grand gommeur de la souffrance, il le faut bien pour survivre, pourtant le désespoir me minait chaque jour davantage.

Se secouer. Aller dans la salle d'attente pour commencer la consultation suivante.

* *
*

Etait-ce l'année de la rupture ou celle qui la précéda?

Conférence-débat à l'université de Rennes. Après mon exposé, les questions. Puis, installée à une petite table sur laquelle étaient disposés quelques-uns de mes livres, je signais, signais, échangeais quelques mots avec les uns et les autres, serrais des mains. J'ai toujours aimé ce moment privilégié. Celui où le lecteur, la lectrice font entrer l'auteur et son monde décrit, quelquefois fantasmé, dans leur monde réel, vécu. Sans ces questions personnelles, cette exigence de bilan à l'échelle d'une vie, l'écrivain(e) ne sortirait jamais de sa tour d'ivoire et s'adresserait à une planète peuplée d'inconnus.

Donc je dédicaçais, tentais – difficilement – de varier les formules. J'achevai une longue phrase pour une lectrice m'assurant qu'elle était présente à un grand procès de viol que j'avais plaidé à Aix-en-Provence[1] quand une femme d'un certain âge, pleine de retenue, me tendit un de mes livres.

— A quel nom, madame?

— Pas de nom, me dit-elle. Et avec un joli sourire : «Ecrivez seulement : "A la grand-mère de Jonathan."»

Jonathan! Notre Jonathan avait donc une grand-mère. Cousin germain de M. et E., nous en avions fait le personnage central des jeux et contes que j'inventais pour eux, lesquels l'avaient définitive-

---

1. *Cf. Viol. Le procès d'Aix*, Gallimard, collection «Idées», 1978.

ment voué au rôle du vilain garçonnet désobéis-
sant, sournois et même brutal.

A la longue, Jonathan avait fini par perdre de sa
réalité tant nous l'accommodions aux sauces les
plus folles. On l'avait envoyé sur la Lune, mais il
refusait de monter dans le vaisseau du retour. A la
mer, il s'ingéniait à faire boire la tasse aux plus
petits que lui. A l'école, il tabassait les filles.

Bref, un héros totalement négatif mais très présent entre nous. Le « si tu fais comme Jonathan... »
pour exprimer notre mécontentement et menacer
de sanctions était devenu un code courant. Et voilà
que ce cousin dont nous avions fait un contre-
exemple bénéficiait d'une grand-mère avenante,
très présentable.

Nous échangeâmes quelques mots sur lui, sur
eux, nos petits-enfants. Et, indifférentes à l'impatience de ceux qui attendaient, livre en main, que
je veuille bien signer, nous avons toutes deux insisté
sur l'importance, la complexité des liens avec nos
petits-enfants. «Nous leur apportons beaucoup,
nous les mamies, mais eux aussi, ils nous donnent... »
Et elle tentait d'expliquer, en cherchant ses mots.
«Vous savez, par moments, ils nous font oublier
notre vieillesse. »

Tahfouna apprécia sans trop s'étendre la rencontre et le récit que je lui en fis : «Alors, elle t'a
acheté le livre... Elle va le lire alors... »

* *
*

Des signes, dans ce Guenaïdel drômois où nous nous succédions quelquefois, marquent les passages des uns et des autres. Votre passage. Passage de nos « disparus ». Des jouets oubliés, un vêtement. L'autre jour, dans notre petite salle de bains commune, à vous deux M. et E. et à nous deux, toi et moi, Tahfouna, j'ai trouvé une pierre en forme de cœur. Un trait de feutre vert soulignait la forme, s'attardait entre les deux lobes, marquait bien le creux du haut et raffinait la pointe du bas. Ce gros caillou était-il un message de tendresse, le rappel de ces innombrables petits cœurs apposés en signature de vos dessins, de vos petits mots? Sur mon bureau, dans tous les cas, dessiné par l'un de vous, c'est de vous qu'il me parle.

J'ai tenté un jour de dissimuler dans votre chambre un mot pour Tahfouna avec le numéro de mon portable : « Jour ou nuit, appelle-moi, ma Tahfouna. »

Quelques mois plus tard, j'ai retrouvé le papier presque à l'endroit où je l'avais mis. Tahfouna l'avait-elle bien lu? L'Autorité Parentale était-elle intervenue?

* *
*

Cette Tunisie que Tahfouna était fière d'avoir découverte par le trou du ventre de sa mère, ces palmeraies de l'an 2000 et de la cohésion de la tribu, nous l'avions programmée pour des vacances au bord de la mer avec eux. Et aussi pour leur faire découvrir, dans l'extrême Sud, Tatahouine et ses ghorfas sous un ciel oblique que je visitais aujourd'hui une fois de plus, mais sans eux. Je leur aurais montré, au sommet de ce piton, cette forteresse disciplinaire. «Vous voyez, c'est celle des "joyeux".» J'en avais défendu un grand nombre à mes débuts d'avocate, à Tunis. Des légionnaires en bataillon disciplinaire[1]. «Mamie, pourquoi on les appelle "joyeux"?» Tahfouna aurait sûrement posé la question et E. m'aurait demandé des précisions sur l'uniforme d'été.

* *
*

Les semaines, les mois et même les années (presque trois) m'avaient entraînée dans un monde sans mes petits-enfants, sans elle, Tahfouna.

Et ce monde étrange me restait étranger, comme si j'en avais perdu le code, le mot de passe. Je devais donc, pour y trouver une place, déserter l'autre, celui qui m'avait inondée d'une tendresse nouvelle et avait fait de moi une mamie passionnée.

Je devais en résumé me familiariser avec un art de vivre nouveau, l'art de ne plus être grand-mère.

---

1. *Cf. Avocate irrespectueuse*, Plon, 2002 ; Pocket, 2003.

CHAPITRE XVI

Histoire d'une passion

Vous souvenez-vous de la tempête de décembre 1999? Cette gigantesque bourrasque qui, à Paris, dans les quartiers, emporta les enseignes, cassa les arbustes sur les terrasses, déchira les stores, fit voler portes et fenêtres. Et plongea la ville, en pleine matinée, dans une obscurité effrayante?

On aurait dit qu'une nuit hors du temps s'abattait sur nous, sur l'humanité tout entière. Une nuit spectaculaire aux prises avec la violence du vent. Les superstitieux pensaient peut-être au châtiment apocalyptique et les autres, vaguement inquiets, s'interrogeaient sur les causes de ce déchaînement de la nature.

Inquiète, je l'étais aussi. Je devais prendre un avion et me demandais si cette tourmente permettrait son décollage dans de bonnes conditions.

Sonnerie du téléphone ligne rouge. Une petite voix. Tahfouna «Mamie, j'ai peur... Il fait tout noir... Ça tombe partout.» Terrorisée, ma petite-fille appelait au secours, m'appelait au secours. «Viens... Ne prends pas l'avion, Mamie. Viens, je t'en prie, je t'en prie...» Tahfouna suppliait, elle se sentait seule, elle avait peur. Pour elle et pour moi. Et elle attendait sa sauvegarde de moi, sa grand-mère. Et ne pensait qu'à la sauvegarde de cette grand-mère, un peu folle, qui devait s'envoler vers des pays lointains alors que la Terre tout entière se cassait en morceaux, que la tempête et la nuit en plein jour allaient engloutir les avions, les trains, les personnes...

Emue par ce désarroi, j'entrepris, à distance, de sécuriser mon anxieuse.

Par la parole, par l'histoire des tempêtes qui finissent par se calmer sans trop de dégâts, par l'insistance sur la prudence des compagnies aériennes qui, toujours, annulent ou retardent leurs vols en cas de risques, mêmes faibles.

Pendant près d'un quart d'heure, je l'ai dorlotée, je l'ai prise dans mes bras au téléphone, je lui ai murmuré avec tendresse que nous étions là, elle et moi, ensemble, malgré «les deux maisons», que la colère du vent allait tomber, que la lumière du jour, «regarde par la fenêtre», ma chérie, revenait déjà.

Quand je la rappelai de l'aéroport, le temps s'améliorait déjà, et elle me répondit d'une voix presque assurée. C'est de cette voix qu'elle me souhaita bon voyage, reviens vite, ma Mamie, n'oublie pas notre secret, je te le dirai au téléphone, quand tu seras là-bas, loin...

* *
*

Dans l'avion qui avait finalement décollé avec quelque retard, je revivais l'agitation de ces dernières heures. Non pas celle venue des cieux mais cette vague immense, d'une puissance incalculable, cet élan qui nous avait jetées, Tahfouna et moi, l'une vers l'autre, l'une serrée contre l'autre, l'une en manque de l'autre, alors que le monde semblait vouloir disparaître.

Et je me dis que ce lien, cette exigence, cet amour quasi hégémonique ne sauraient se confondre avec l'affection courante qui unit grands-parents et petits-enfants. Affection. Tendresse. Amour. C'est exactement ce que je ressentais pour le Petit Prince. Je n'ai pas eu à chercher, je n'ai pas hésité. J'aimais mon petit-fils d'amour tendre. Sa voix, ses gestes, sa présence de garçonnet bien planté dans sa vie s'intégraient *normalement* dans celle de sa grand-mère, dans ma vie. Je n'autorisais personne à évoquer la préférence, à parler de priorité de l'une, Tahfouna, au détriment de l'autre, E. Ils habitaient en moi deux univers affectifs distincts, je les cumulais mais je ne les fusionnais pas.

Quand E., adolescent, lira ces lignes, il saura, il sentira ce que je veux exprimer.

Mais, dans le langage affectif classique, rien ne collait vraiment à ce que nous vivions, Tahfouna et moi, rien ne nous définissait avec rigueur. Ce besoin que nous avions l'une de l'autre, exacerbé par moments comme ce matin-là, pendant la tempête, comment l'analyser? Je constatais à quel point – une robe dans une vitrine, une nouvelle capitale à enseigner, un conte à «arranger» pour elle –

143

Tahfouna occupait de sa présence permanente mon esprit. J'imaginais ses questions, ses mimiques, émue à l'avance de ce bonheur, en sourires graves dont elle avait le secret. Si je projetais d'encadrer tel ou tel de ses dessins, je me complaisais à retrouver ses dédicaces, à me nourrir de leur passion.

PASSION.

C'est dit, c'est écrit. Tout naturellement, le mot m'est venu pour décrire cet embrasement permanent, en chaud ou en froid. Qui se moque de la mesure, de la décence, des habitudes. Qui monopolise, tendues vers la même ligne de vie, comme irrémédiablement attachées vers un seul projet, une seule personne, l'affectivité, l'intelligence, la mémoire. Un sentiment assez puissant pour décider d'un nouvel ordre de nos existences. Mon diplôme sorbonnard m'avait laissé quelques souvenirs précis de philo sur la passion. Définition plutôt négative, désir de possession, torrent, bouleversement, désordre...

Je repris ce matin en plein vol cette analyse, frappée une fois de plus par l'irréalité des voyages aériens. A une altitude où plus rien de notre monde, en bas, ne nous est perceptible, projetés dans l'abstraction, fondus aux nuages, notre vie semble suspendue, réduite à un simple passage technique, entre terre et ciel.

Sans que je puisse l'expliquer, cette anomalie éprouvante provoque en moi une conséquence inattendue : elle décuple mes facultés de réflexion, d'introspection. Je résume par une plaisanterie : « en avion, je deviens intelligente ».

J'étais certaine de vouloir une relation forte, ininterrompue avec ma petite-fille, mais surtout l'aider à conquérir très vite et le plus complètement possible son autonomie. Par nos jeux, nos histoires, nos échanges, lui permettre de raisonner par elle-même, de dresser l'état des lieux au moment nécessaire, de choisir enfin à partir de ses propres conclusions.

Entre elle et moi, aucune menace d'aliénation, me semblait-il. Tahfouna, toujours en quête d'amour, toujours avide de connaissance, avait sa préférence à elle : sa Mamie. Et la Mamie, attachée (jusqu'à la dépendance?) à sa petite-fille, polarisée par elle, se sentait stimulée, renouvelée dans sa vieillesse et en parfaite harmonie avec le monde.

Je banalisais volontairement un état de passion qui nous avait portées toutes les deux vers des sommets incandescents dont nous ne pourrions plus descendre indemnes. Et je continuais d'argumenter en ce sens.

On oppose classiquement passion et raison. J'entends aussi que l'on disserte sur ses rapports ambigus. Mais quelle définition de cette « raison » donne-t-on ?

Raison raisonnante? Raison raisonnable? Ou celle dont V. Jankélévitch disait qu'« elle réfute sans convaincre, convainc sans persuader, ni entraîner, ni convertir », qu'elle est « semblable à ces prédicateurs éloquents qui nous font changer d'opinion mais non de conduite[1]...».

Cette raison traditionnelle, séculaire, enseignée, avait étouffé tant d'élans, de spontanéités, d'intelligences visionnaires, inventives, qu'elle ne pouvait, il est vrai, nous convenir, à Tahfouna et à moi-même; nous nous inspirions plutôt de raison(s) «que la raison ne connaît pas».

Je m'interrogeais souvent sur elle, Tahfouna, l'objet de ma passion. Etait-elle celle que j'aimais sans mesure ou l'avais-je fabriquée pour qu'à un moment de ma vie elle devienne, justement, ma raison de vivre? Le point focal, le centre unique d'où naissaient et où aboutissaient mes émotions, mes désirs, mes projets? Comment savoir?

«On recrée ce qu'on aime», écrivait Rémy de Gourmont à Natalie Barney.

* *
*

Quand, quelques années plus tard, advint la disparition, quand sans un bruit, sans un signe, sans un mot, un autre monde, implacablement parallèle au nôtre, happa soudain mes petits-enfants, il me fallut survivre.

Je les enveloppai dans un cocon étanche au monde extérieur et les portai en moi, dans la douleur jamais surmontée, jamais dépassée.

1. *Traité des vertus*, 1949, Flammarion, collection «Champs», 1999.

Le souvenir de Tahfouna me tourmentait particulièrement.

Cette passion pour elle qui m'avait renouvelée, aujourd'hui me détruisait. Un saccage s'installait, irréversible. La vieillesse reprenait tous ses droits. Et tous ses interdits. L'interdit de l'espoir, surtout.

*   *
*

La passion. Un seul être m'a manqué et ma vie s'est dépeuplée. Que ce désespoir ait rétréci mon avenir, déjà compté, reste secondaire.

L'important tient surtout à la force de cette passion, capable de métamorphoser deux êtres – l'un dans son déjà long parcours, l'autre arrivant à la vie –, en les enclavant l'un à l'autre dans le même tourbillon.

CHAPITRE XVII

En attendant

En attendant... En attendant? Mais de quoi était faite cette attente?

Pour moi, d'abord comprendre. La connaissance m'a toujours fortifiée. Elle n'anesthésie en rien le mal mais oblige à la lucidité.

Pour Claude, être lucide signifiait supprimer l'attente. Donc l'espoir. Et oublier la lutte. Mais en même temps reconnaître – pour en jouir encore, par la mémoire – l'immense cadeau dont nous avions été gratifiés. «Songe, me disait-il, à ce qu'ils nous ont apporté, pendant dix ans...» Il insistait : «Dix ans, surgis de nos vies.» Un don unique, en profondeur, qui nous avait régénérés... Nos cellules, n'en déplaise à la science, s'étaient renouvelées. Tout avait regermé, partout en nous, nous donnant à voir la société, le monde comme différent. Une troisième version en somme. Après celle de nos enfances, et celle de nos enfants.

Pendant trois ans, en seule maîtresse absolue de notre temps, de nos émotions, puis pendant sept ans avec son frère, le Petit Prince, Tahfouna, nous a fait croire à la magie de l'existence. Ce que je n'avais pas connu enfant en Tunisie, ni même découvert plus tard avec mes fils, je l'explorai avec mes petits-enfants comme un continent inconnu.

« Ils portent une part de nous, disait encore Claude, de nos intelligences, de notre faculté d'aimer... tu verras. »

Voir quoi ? Que nous avions laissé sur eux notre empreinte ? Que lorsque Tahfouna, adulte, irait à Madrid ou Pékin, elle se souviendrait que sa Mamie lui avait enseigné le nom des villes capitales (trente-trois) dans le monde ? Que lorsque l'on dirait au Petit Prince que son regard s'éclaire différemment à la lumière, il se reverrait face au miroir, cherchant la couleur de ses yeux ?

Qu'ils aient enfoui en eux ces tranches de vie partagée ne me consolait guère. Claude, lui, voulait nous installer dans une vieillesse sereine. Et s'ingéniait à accumuler les (bons) souvenirs. Pour clore ces dix années heureuses, mais sans futur. Avec, tout compte fait, un bon bilan de grands-parents. Mais un bilan qu'il s'empressait de classer définitivement derrière nous.

Je ne pouvais pas, non, je ne pouvais pas me résigner. J'entendais d'ailleurs ma Tahfouna protester : « On t'a défendu de nous voir, mais toi, Mamie, tu n'as pas peur de ça, toi, tu sors les gens de prison... » Une Mamie qui combattait l'injustice n'aurait pas lutté pour nous, diraient plus tard mes petits-enfants, elle qui luttait pour d'autres ?

Une Mamie qui est allée au bout du monde pour sauver une petite fille, avait annoncé avec quelque fierté Tahfouna à une copine. Une petite fille qui avait tué un très vilain monsieur qui voulait lui faire mal et la garder comme esclave.

En fait, je m'étais rendue dans les Emirats arabes pour tenter d'arracher Sarah Balabagan à la pendaison. J'avais raconté l'histoire, dans une version soft, adaptée à son entendement de fillette.

Sarah Balabagan, seize ans. Condamnée à mort fin 1995 pour avoir tué son maître, un vieillard de soixante-quinze ans qu'elle servait. Comme bonne à tout faire, corvéable à merci. Il lui avait confisqué son passeport, la nourrissait à peine, l'obligeait à dormir sur le sol. De temps à autre, il la battait. Un soir, il a voulu la violer. On se souvient de l'émotion suscitée dans le monde par cette condamnation.

Choisir la cause des femmes avait pris l'affaire en main. J'avais écrit un article dans le journal *Le Monde*, «Pour Sarah». En compagnie de Marie-Claire Mendès France, je suis allée à Abou Dhabi assister à un deuxième procès. La peine fut finalement commuée en cent coups de bâton, ce que nous refusâmes. Traitement indigne, dégradant et inhumain, aux termes même de la Déclaration universelle des droits de l'homme. Contraire à la dignité de la femme. Sarah fut cependant bastonnée, rentra dans son pays, les Philippines, et put jouir à sa majorité du capital que nous avions déposé pour elle dans une banque de Manille[1].

---

1. L'historienne Michelle Perrot, présidente de l'association

150

Tahfouna avait été presque physiquement mêlée à l'histoire, en ce sens que nous avions transformé notre pièce principale, au 102, en permanence de campagne. Des tracts, des sacs de courriers, des portraits de Sarah brandis par les militant(e)s de Choisir lors des manifestations.

Ma petite-fille traînait, rêveuse, parmi les piles de lettres et les pancartes. Elle avait voulu être photographiée près de l'affiche avec la petite victime. « Il faut que tu la ramènes dans ma maison, me disait-elle, pour plein de bisous. »

Enfin libre, Sarah m'avait téléphoné, envoyé une photo d'elle, un micro à la main, en chanteuse star de variétés, Sarah, belle, riche, adulée, m'écrivit de temps à autre. Elle ne sera pas avocate comme elle l'avait déclaré à sa sortie de prison, l'attrait de l'immédiate célébrité l'avait emporté. Célébrité éphémère.

Aujourd'hui, Sarah, mère de famille sans histoires, vit tranquillement dans son pays natal.

* *
*

« Ma Mamie a sauvé Sarah, elle peut pas accepter de nous laisser... »

J'imaginais des phrases volontaristes comme celle-ci, des dialogues avec les puissances malé-

---

Pour Sarah, et moi-même avons remis à l'ambassade des Philippines à Paris la somme représentant les dons nombreux que nous avions reçus pour Sarah. Un contrat de dépôt donnait à l'opération la garantie de l'Etat.

151

fiques qui nous avaient enfermés, mes petits-enfants et moi, dans des mondes séparés, des supplications certains jours. J'imaginais un terme – lequel? – au malheur. Et je peuplais mes rêves de leur présence.

Même éveillée, dans la rue, au Champ-de-Mars que j'arpente presque quotidiennement, je les retrouve. Je reconnais chaque arbre, j'attends dès mars ou avril le bourgeonnement de ses branches, ou les fleurs rouge et or des grands marronniers droits comme des chandeliers. Je contourne le tas de sable où ils jouaient, près de la guérite de barbe à papa, j'aperçois les balançoires, les manèges, les petits poneys qu'ils aimaient conduire et caresser.

Je m'attarde auprès du manège aux anneaux, celui qui exigeait de la dextérité de la main droite alors que Tahfouna était gauchère, vous vous souvenez? Le gardien cubain des poneys a été remplacé par un jeune Portugais incapable de me renseigner sur ses bêtes.

Sur le chemin du retour, je crois reconnaître des cheveux noirs tenus par un serre-tête plein d'étoiles, une taille fine, un teint de grande brune, oui, c'est elle. Ou ce petit garçon fort, si beau, au sourire heureux, qui vient vers moi dans une bousculade, c'est mon Petit Prince, sans aucun doute.

Ils attendent comme moi. Mais quoi? Je me suis posé cette question sans cesse, pendant des mois.

L'attente d'un retour possible peut apporter un certain confort subjectif. Mais dans le réel, sans mots, sans voix, sans écrits, sans appels téléphoniques, sans le moindre signe des disparus, en quoi l'attente adoucit-elle l'absolue disparition? Et sans action particulière, ne vaudrait-elle pas renoncement? Et même mort?

* *
*

La blessure m'atteignait d'autant plus que je ressentais profondément l'originalité et la force du lien grands-parents/petits-enfants.

Les grands-parents habitent, avec leurs petits-enfants, un monde affectif – mais aussi fait d'intelligence – particulier.

Accompagnateurs éblouis de leur éveil à la vie, de leurs approches, de leurs tropismes, ils en arrivent à oublier les échéances.

Un accompagnement différent de celui des parents? Oui. En quoi? En tout. Différence de nature. En sont a priori exclus la rivalité (plus fréquente que l'on ne dit) et (presque) tous les conflits familiaux.

Ils apprennent à leurs petits-enfants une certaine sagesse objective, qui leur ouvre d'autres horizons que ceux de leur entourage quotidien. Je dirais qu'ils leur enseignent un mode d'emploi spécial de la vie.

Nos petits-enfants s'épanouissent, à nos yeux, autrement que nos enfants. Nous jouissons, à leur égard, il faut le reconnaître, d'une irresponsabilité partielle. D'où une sorte de facilité heureuse dans les comportements. A l'Autorité Parentale de s'accommoder de l'organisation des journées, des punitions, de la pédagogie nécessaire. Les grands-parents partagent surtout les vacances, les week-ends, les fêtes, ce qui est hors d'un quotidien souvent rébarbatif.

Ils sont au bout du parcours. Ils ont entassé heurs et malheurs. L'avenir (« Hâte-toi, ami, car l'avenir est rare ») ne les préoccupe que sur des points limités : la santé, les vacances, la mémoire, le sport encore praticable. Hormis, bien sûr, le besoin légitime de se suffire matériellement. Le présent, ils le goûtent comme un présent strict. S'il leur est clément. Sinon, ils raisonnent, se raisonnent, compromettent si nécessaire. Mais, paradoxe ou même contradiction, ces papys-mamies débordent d'imagination, de rêves, quelquefois de projets. Et même quelquefois d'une pointe de folie.

Je réalise ainsi à quel point dans mes jeux, mes histoires à Tahfouna et au Petit Prince, je pouvais inventer un divertissement plus riche, plus nouveau que, comme mère, j'en dispensais à mes fils.

La force vive de l'avenir porté par leurs petits-enfants éblouit les grands-parents comme des phares ultra-puissants éblouissent un chauffeur (presque) endormi. C'est que la distance ne mesure plus celle d'une génération. Jeune femme, jeune avocate, au volant de ma vie, je conduisais vite. Bien ou mal, mais sans trop d'accidents, en somme. Et toujours le regard devant moi, vers le lendemain, le prochain procès, le prochain combat. Mes fils se fondaient alors dans mon propre avenir. Ils devraient s'en dissocier un jour. Mais, ce jour-là, j'aurais moi-même reconquis une part d'autonomie.

Cette génération de grands-parents, définitivement forte a rassemblé son bagage. (presque) bouclé la boucle. Plus rien ni personne ne peut les changer. Ils peuvent glaner ici ou là quelque joie, quelque plaisir de l'intelligence qui se confirme. Mais ils ne combleront pas les failles de structure, ils ne modifieront pas les lignes de leur tempérament. Ils se sont ainsi construits et les jeux sont faits.

Or, avec leurs petits-enfants, tout reste ouvert. Par quel miracle? Est-ce celui d'une empathie singulière? Ils appréhendent l'événement comme eux ou, à tout le moins, le comprennent affectivement. Ils peuvent ainsi parler le même langage. La joie, quand leurs petits-enfants sont joyeux, la tristesse, quand elle les envahit. Mais alors l'unisson les aide à en sortir, à donner ce coup de talon salvateur qui fait remonter du fond du gouffre. Les grands-parents apprennent à leurs petits-enfants dans la souffrance à la vaincre. Mais en se reconstruisant.

De là à affirmer que dans une relation réussie ils aident leurs petits-enfants à se projeter plus loin et autrement, il n'y a qu'un pas. Que, forte de mon exemple, je me permets de franchir sans hésiter.

A la fois proches – faits d'un peu de votre vie – et, par leur futur, tellement lointains qu'ils en paraissent exotiques, les petits-enfants forment une curieuse mixture.

Mixture qui opère une greffe étrange. Celle qui ne préserve pas des fins difficiles mais donne sens à une vie crépusculaire. Apporte un petit supplément de joie de vivre à laquelle la vieillesse demeure rétive, et qu'elle atteint rarement.

Peut-on parler d'amour entre grands-parents et petits-enfants? Mais alors d'un amour si différent de l'amour parental qu'il devrait se dire, s'écrire, s'exprimer par un autre mot. Un amour homonyme, en quelque sorte. L'enchantement d'un monde qui s'éloigne. L'enchantement inattendu, renouvelé dans une vie presque à son terme. Une sorte de renouvellement enchanté. Est-ce Céline qui écrivait à propos de la vieillesse : « ne plus avoir assez de musique dans le cœur pour faire danser sa vie[1] » ? Aurait-il exercé – avec bonheur – l'art d'être grand-père ? Ceux qui l'ont entendue, cette petite musique spéciale, savent sa puissance, sa faculté d'entraînement dans la vie de vieilles personnes. Elle leur donne un nouveau souffle, à elles, déjà collées au mur.

* *
*

Cette sorte de magie affective, capable de créer en nous une autre joie de vivre, nous était donc arrachée. Une lumière unique s'éteignait et emportait avec elle la douceur dont elle enveloppait notre vieillesse.

Il nous fallait continuer de vivre. En attendant.

---

1. Céline, *Voyage au bout de la nuit.*

CHAPITRE XVIII

Le miracle

Le temps passe, le temps passa donc.

Les saisons se ressemblaient toutes et se suivaient sans couleur, sans goût, monocordes. Même l'été perdit ce parfum tenace de chaleur, de soleil fulgurant, de lumière que je transportais, depuis les terres de l'enfance, aux paysages de mer et de sable de nos vacances.

Le temps passe, le temps passa. Et avec lui l'espoir.

A défaut de croire que nos petits-enfants nous seraient un jour rendus, il nous fallait espérer une moindre souffrance. Comment? Par le temps justement. Cette anesthésie implacable des cœurs et de l'espérance. Rien à voir avec l'oubli. Au contraire. La souffrance se dilue, envahit inexorablement, se colle comme une seconde peau à l'intérieur de la vôtre, vous change en profondeur au fil des mois et des années. Vous êtes faits, refaits, pétris avec ce mal en vous. Vous ne savez plus comment vous étiez, en mamie et papy «normaux», traduisez en grands-parents heureux, présents; d'ailleurs vous

savez que vous ne le redeviendriez pas avant longtemps. Si ce temps advient.

Mais, même sans en avoir clairement conscience,
je m'accrochais, je ne renonçais pas, je luttais. A
l'inverse de Claude, partisan d'un classement sans
suite de l'«affaire». A moins, concédait-il, que la
suite ne naisse du hasard, ou de la chance.

J'affirme que j'ai lutté. De toutes mes forces. En
espérant que cette lutte – si douloureuse pour nous
– laisserait ses traces. Pour elle, Tahfouna, pour lui,
le Petit Prince. Qu'ils sachent que je ne me suis
jamais résignée à leur disparition.

Et, trois années durant, j'ai voulu forcer le destin,
imaginer les chemins du retour, les préparer.
J'alternais les phases actives et celles du désespoir et
de la fatigue. La vieillesse, en somme.

J'attendais un miracle, un jour.

* *

*

Ce jour, samedi 13 novembre 2004.

Je passe une mauvaise nuit, la veille. Normal,
quand on sait qu'on va vivre le miracle qui façonne
autrement la vie. Le matin du jour du miracle, je
n'arrive plus à maîtriser complètement ma nervo-
sité. Normal aussi, me diriez-vous. D'où quelques
dommages collatéraux tels que ces accrochages
conjugaux, aggravés par la mauvaise humeur de
Claude que son poignet plâtré (une chute malen-
contreuse) agace.

Je presse le mouvement. Taxi, arrivée sur les lieux

avec une demi-heure d'avance. Toujours normal, constatez-vous. Surtout si vous apprenez que nous venons, ce jour-là, prendre nos petits-enfants pour le week-end. Donc les revoir, leur parler, les entendre, les embrasser, les toucher, s'amuser aussi de la réalité du miracle. Car il s'agit bien d'un miracle, et force est de reconnaître sa nature particulière. Un miracle né d'une espérance déraisonnable et d'un long combat.

Fin donc, ce jour-là, de l'absence injuste, du malheur permanent, de la disparition de M. et d'E.

Comment, pourquoi ce 13 novembre 2004?

Difficile et inutile d'expliquer. Difficile de retracer trois années d'actions, de recherches, de combat en somme. Inutile d'éclairer ce qui doit rester dans l'ombre, histoire de sauvegarder l'avenir. Cet avenir depuis ce jour redevenu commun à nos petits-enfants et à nous-mêmes.

Et, dans tous les cas, explique-t-on un miracle?

*　*

*

Nous attendons dans la rue, une heure, deux heures, je ne veux ni m'éloigner ni m'attabler dans un bistrot voisin. C'est l'heure. Je sonne à la porte du domicile de l'Autorité Parentale. Difficile de contrôler cette sorte de désordre de l'être tout entier. Le cœur d'abord, il bat la chamade. Heureusement ces battements n'engagent que lui. Je réussis à sourire en attendant que l'on nous ouvre. Des bruits de pas, de voix – les leurs?

Les voilà, tous deux débout dans l'encadrure de la porte. Je les regarde fixement, pétrifiée par l'émotion. Je les vois, immobiles, eux aussi. Ils sont là, bien là, en face de moi, en statues remontées des gouffres du passé.

Trois ans d'un monde sans eux et qu'ils vont enfin habiter de nouveau.

Tahfouna a tellement changé, fine, longiforme. Elle porte un pantalon de coton jaune et un joli bandeau assorti dans ses cheveux noirs. «Tu as laissé pousser tes cheveux... Comme tu es grande...» Elle s'avance vers moi, je la serre dans mes bras, elle se raidit, je la relâche aussitôt. «E., mon Petit Prince, tu es beau... Tu es magnifique...» Mon petit-fils, grand et fort déjà, s'approche de nous avec précaution. Puis, comme à l'accoutumée, suit l'exemple de son aînée. Et embrasse Claude, resté à l'écart, à l'entrée.

* *
*

Nous les prenons par la main et déambulons dans la rue à la recherche d'un taxi. Pour toute conversation, nous leur répétons qu'ils sont grands, beaux... Je finis par ajouter, tout bas : «C'est merveilleux de vous revoir... Enfin...» Puis, plus fort : «Le miracle!» Tahfouna tourne son regard vers moi, sans un mot, comme si elle ne comprenait pas le scénario dans lequel, pourtant, elle devait tenir le rôle principal.

Arrivée au 102, dans ces lieux sur lesquels ils

avaient régné depuis leur naissance. Cette «maison» que Tahfouna voulait désespérément être la sienne, celle de ses parents, la nôtre... Bref, l'unique point de ralliement de toute la tribu. Qui selon elle aurait dû vivre... en tribu justement. Et non séparée, habitant dans deux quartiers différents.

Cette «maison» dont elle fut l'absente, la disparue pendant trois ans. Comme son frère qu'elle tenait par la main, pour adoucir peut-être le souvenir de l'exil brutal, de l'exclusion passée.

Les voilà dans le séjour aux deux mille livres, aux dizaines de statuettes mexicaines, de vases pseudo-carthaginois, de ces objets hétéroclites mais qui ont une âme...

Je les regarde regarder. Ils vont d'un coin à l'autre, silencieux. Ils se réapproprient doucement l'espace de leur enfance et, comme pour conjurer le trou noir de l'absence, ils tournent dans la pièce, touchent les pierres décorées par eux, poussent de temps à autre une exclamation... «Ah oui... Regarde... les boules de couleur...» Tahfouna les saisit délicatement, les replace où elle les avait laissées trois ans auparavant, sur le chandelier à sept branches, en guise de bougies.

Le Petit Prince depuis un moment s'affaire devant la coupe pleine à ras bord d'œufs peints. En pierre, en bois, les romantiques, les géométriques, les russes, les anglais... Il les prend un par un, les compte et les recompte, les remet dans un certain ordre – un ordre à lui – dans la coupe de cristal fumé. «Il n'y en a pas eu de nouveaux», diagnostique-t-il enfin.

Entre-temps, Tahfouna retrouve derrière une pile de bouquins à reclasser une grande pierre toute coloriée. Elle l'avait trouvée à Guénaïdel et l'avait décorée pile et face. Elle tourne et retourne la pierre dans ses mains, elle doit se souvenir que, à six ou sept ans, elle l'avait apportée dans ma chambre. « Pour toi, ma Mamie... C'est mon cadeau... » Sur la marche d'un escabeau de bibliothèque, le cadeau n'avait pas bougé. E. plus modestement – il avait quatre ans – m'avait offert un tesson de jarre en terre cuite qu'il avait peint comme il avait pu. Anxieux, il attend de le revoir. Recherche difficile, le tesson reste introuvable, et E. se ferme. Mobilisation générale, nous fouillons les étagères, déplaçons les livres, regardons sous les fauteuils. « Le voilà, je l'ai...! » Cri de victoire de Tahfouna qui brandit l'objet. « Qu'est-ce que tu me donnes, E., si je te le rends ? » Polémique, cris, bousculade, elle se cache, chantage. Bref, le bonheur d'antan.

Dîner à la table ronde de la cuisine. Tahfouna remarque que nous y avons fait des travaux, que nous l'avons agrandie. « C'est beaucoup plus beau comme ça. » Elle retrouve ses DVD, ses cassettes, ses livres de contes. Elle s'étend sur le divan, théâtrale, mais en bondit aussitôt. « E., E., hurle-t-elle, touche pas, tu vas tout faire sauter... » Nouvelle bagarre, autour de la hi-fi, nouveau « raccord » avec le passé.

Pendant le dîner, je les observe encore et encore. Tahfouna a tellement grandi, vingt-deux centimètres, Claude l'a mesurée et a marqué au crayon, sur l'armoire, au-dessus des autres traits – ceux d'il y a trois ans – la nouvelle donne Quant au Petit Prince, il est devenu un «vrai» garçonnet de dix ans, fort, épanoui.

*   *
*

«Et la surprise?» avait réclamé Tahfouna dès son arrivée au 102. J'avais en effet laissé entendre que «quelque chose» les attendrait.

Ce «quelque chose» arriva quelques instants plus tard : Anaïs, la copine de la première enfance, la compagne des jeux et des étés dans la Drôme; Anaïs qui sans cesse avait réclamé de voir ses amis. Elle ne comprenait rien à la disparition et attendait le jour où... «Voilà, le jour est arrivé!» proclamait-elle d'emblée.

Couchés en parallèle tous les trois sur mon lit, ils regardaient une cassette. Tahfouna avait choisi et avait précisé, dans un murmure : «C'est toi qui nous l'avais offerte, Mamie...»

Puis les heures, les jeux de cartes (la «schkoppe» ancestrale), le goûter, le dîner... s'enchaînèrent tout naturellement. Comme par miracle.

Un miracle qui transformait ce retour en instants de grâce. Le miracle de l'absence de l'absence. La disparition brusquement gommée. Les gestes, les regards furtifs des enfants, les (rares) mots de retrouvailles, et même les silences pensifs l'avaient éloignée.

Au coucher, Tahfouna ne veut pas qu'on la touche, qu'on la déshabille. Elle accède à l'âge de

la pudeur, de l'approche (difficile) par une adolescente de son corps. Mais elle marque son refus, son
geste d'une manière étrange, elle se tortille, s'éloigne,
m'éloigne. «Non, non...», murmure-t-elle. En
même temps qu'elle charge ses yeux sombres d'une
infinie tendresse, comme pour me dire je sais, avant
c'était comme ça, je n'ai pas oublié, mais
aujourd'hui, c'est différent... Elle n'a pas seulement
grandi, elle semble aussi avertie, veillant à se protéger. De quoi, de qui? Sans doute de trop d'amour,
elle a souffert sans doute d'aimer trop. Pourtant
personne n'aime jamais trop. Les saints, peut-être,
et encore... disait Bernanos.

E., plus détendu, rend sans complexe les bisous
qu'on lui donne, se dit bien installé au chaud, aime
sa couverture.

J'abrège donc la cérémonie. J'en avais pourtant
tellement rêvé, le massage puis le petit tambour et
enfin le baiser-papillon... Vous vous souvenez?
Tahfouna rosit mais s'enfonce sous les draps. E.
précise : «Et même les guilis aux pieds...»
Extinction des feux. Je ferme la porte de la
chambre. «Mamie, appelle alors Tahfouna, tu as
oublié : laisse le palier allumé...» Comme un ton de
reproche – mon oubli – qui me ravit.

* *
*

La journée du lendemain dimanche ne reproduit
guère l'«avant».

D'abord tous les trois (Anaïs se coulant dans le

164

moule) font seuls leur toilette. Tahfouna insiste pour conclure : «Tu sais, on a grandi, Mamie.» Je sais, je l'ai vécu de loin et en pensée, ce changement. Mes petits-enfants, même dans l'absence, avaient suivi leurs parcours. Je l'ai si souvent, si intensément imaginé. Je me fabriquais des images mais sans le moindre repère, je restais dans l'abstraction. Des nattes pour coiffer Tahfouna? Du gris dans les yeux du Petit Prince? Comment faire le point à partir de souvenirs anachroniques et de silence?

«Vous êtes magnifiques, tous les deux, magnifiques...» Et j'ajoutai, dans un déni volontaire : «C'est d'ailleurs comme ça que je vous imaginais...» E. entre-temps avait englouti muffins, gâteaux, confitures... «Tu vois, Mamie, il a pas changé E....», fit remarquer sentencieusement sa sœur. Elle non plus.

Elle chipotait, telle qu'en elle-même, devant la nourriture et buvait lentement son chocolat. «Claude, il est toujours formi, ton chocolat, super...»

* *
*

Avec un soin particulier et après une longue discussion, Claude et moi avons sélectionné le spectacle de l'après-midi. Il se donnait à l'autre bout de Paris mais, nous a-t-il semblé, le programme valait bien le détour.

Un spectacle pour enfants : *La Véritable Histoire du*

Père Noël. E. et Anaïs, bon public, s'amusent. Ils se poussent du coude, réagissant, applaudissent avec les autres.

M., spectatrice attentive, ne manifeste guère d'enthousiasme. Tout au long de la représentation, elle demeure droite et silencieuse.

A la fin, je lui demande si elle a aimé. « Oh, bof », dit-elle en haussant les épaules. « Je crois que c'était trop jeune pour toi, ma chérie... » Elle opine : « Oui, un peu bébé. » Les deux autres, heureusement, ont aimé. « Mais on n'est pas des bébés », précise cependant le Petit Prince.

*   *
*

Fin de la trouée de lumière, du miracle partagé, fin de l'intermède. Sonne l'heure du retour. Anaïs a anticipé, adieux civilisés, au revoir, on s'embrasse, on se verra bientôt. Je les observe s'embrasser d'ailleurs. Ces enfants ont appris de l'époque que l'excès, le sentiment affiché avec ostentation ne témoignent plus de rien. Ils ont opté pour la sobriété. « Vous vous reverrez pour l'arbre de Noël, début janvier. » Oui, affirment-ils en chœur, mais notre avenir commun reste pour nous tous inconnu.

Taxi, en route pour réintégrer le toit paternel. Silence dominant durant tout le trajet. M. me lance de longs regards puis fixe obstinément ses chaussures. E., tout contre moi, se rapproche. Je l'entoure de mes bras, il s'y blottit littéralement.

Toujours en silence. Nous arrivons. C'est fini. Les enfants ont renoué le lien, je me dis qu'ils ont fait ce week-end le plein de tendresse refoulée, proscrite. En tout cas, je veux m'en convaincre.

C'est fini, c'est bien fini. Ils nous embrassent. Distraitement. « On se verra en janvier », ai-je répété à deux ou trois reprises, sans provoquer de réaction.

Retour chez nous, au 102. Vide sidéral mais miracle accompli.

CHAPITRE XIX

Premières vacances

Pendant les trois années de la disparition, nous n'avions plus vécu de «vacances» avec mes petits-enfants. Je veux dire une vie commune de quelques jours, de quelques semaines, c'est selon, où le temps réparateur prend le temps de devenir le temps innovateur. Innovateur de jeux, d'autres dialogues, de découvertes, le tout né de cette fameuse continuité du petit déjeuner pris ensemble. Tant il est vrai qu'appréhender ensemble le monde et la journée qu'il nous réserve au réveil crée une solidarité – dans le meilleur et dans le pire – entre humains de tous âges.

Avec Tahfouna et Petit Prince, je l'ai dit, le réveil et le petit déjeuner partagés nous apportaient une sorte de plénitude heureuse qui, par définition même, s'inscrivait dans l'éphémère. Je le savais, je le sentais avec une lucidité tranchante comme un scalpel. Je me précipitais alors dans la jouissance absolue de ces moments. Tasses renversées, chansons inventées, rêves contés par bribes, je thésaurisais le tout en souvenirs magiques.

J'avais remarqué à ce propos que les jeunes enfants ne se souviennent guère de leurs rêves. Ils disent avoir rêvé, et oublié. Ils vivent, en revanche, en *live* leurs cauchemars. L'étonnant vient que je le découvrais seulement avec mes petits-enfants. Mon expérience de mère ne s'était pas enrichie de cette approche. Etre grand-mère en fait ne relève pas – sauf biologiquement – de l'état de mère. Ni continuité ni rupture, mais un univers pensé et vécu en parallèle, étrange et foisonnant.

* *
*

A la veille de retrouver mes petits-enfants pour nos «premières vacances», c'est-à-dire pour les vacances qui prolongeaient le miracle, je devins de plus en plus anxieuse. Comment renouer – dans son intensité – la complicité de vie qui fut jadis la nôtre?

Comment, après ce silence qui, pour nous, ressembla à la mort, après cette résurrection qui, pour eux comme pour nous, se construisait sur d'autres silences, sur des non-dits, oui, comment alors recoller au bon endroit, avec le bon matériau, le lien déchiré?

Le silence agit souvent en filet protecteur. Mais davantage, je crois, pour les adultes que pour les enfants qui ont toujours besoin de vivre dans un monde explicable. Que l'explication soit vraie ou fausse, relève du conte de fées ou d'un rêve volontariste, ils veulent qu'on leur parle, qu'on évoque la raison. Même si souvent ils y semblent étanches, justement.

Or, depuis que nous avions retrouvé M. et E. *et à ce jour,* nous ne connaissions pas la fable qui leur avait été servie pour justifier la coupure-guillotine dans nos vies. Passer ainsi d'un amour quasi fusionnel avec nous – en particulier entre M. et moi – au néant avait sûrement exigé une mise en scène, un mensonge fondamental, une peur peut-être. Dans tous les cas, engendré un choc psychologique important. Nous n'en avons jamais parlé. Je souhaite pourtant connaître un jour le décor dans lequel fut installée, pour eux, notre disparition. J'ai imaginé un affrontement, des pleurs, des questions. J'ai imaginé que des adultes implacables avaient recouvert le tout, en guise de réponse, de leur autorité manifeste. J'ai imaginé que Tahfouna et le Petit Prince, d'abord traumatisés, puis noyés dans leur immense confiance en l'Autorité Parentale, avaient finalement intégré l'absence à leurs amours d'enfants. Ils se sont résignés, faute de moyens de comprendre et d'agir.

Tout cela, l'évoquerions-nous durant ces premières vacances? Ou nous tiendrions-nous à la règle qui gouverna notre relation jusqu'ici, le silence et la joie, le silence pour la joie, le silence pour enfin se respirer de nouveau le cœur?

* *
*

Premières vacances donc. Nouvelles premières vacances plutôt depuis que nous sommes autorisés à les revoir. Longs, nombreux conciliabules entre Claude et moi, consultations des oncles, Tonton Kaboul et Tonton Moscou. Sur quels critères devions-nous choisir le lieu, le parcours, les jeux?

Notre non-existence, pendant si longtemps, ne nous avait guère permis de voir nos petits-enfants grandir, échanger, et même mûrir. Et il était facile d'imaginer que, de leur côté, ils ne retrouveraient pas, comme par magie, la fluidité, le naturel des expressions d'antan – je veux voir une autre capitale, Mamie –, ou le Petit Prince réclamant son dû, – non c'est mon tour aujourd'hui le voyage, Venise ou un autre pays.

Il fallait donc faire un peu comme si, pour choisir le « bon » lieu de vacances, nous pointions les yeux fermés un Bic sur une carte de France ou de l'Europe frontalière. A de multiples conditions – un lieu proche, accessible en voiture si possible, intéressant selon nos critères mais amusant selon ceux de jeunes enfants, dépaysant pour marquer la rupture d'avec la rupture mais à connotations familières cependant pour qu'ils s'y sentent bien d'emblée, bref, on le voit, la quadrature du cercle dans un contexte affectif encore fragile.

J'ai fini par suggérer Bruges. La ville de Bruges ne répondait sans doute en rien à ces conditions dont nous avions consciencieusement dressé la liste. Alors pourquoi Bruges? J'avoue avoir avant tout pensé à la mobilité, aux balades sur les canaux en ce mois lumineux de juillet. Nous y ajouterions discrètement quelques coups d'œil aux tableaux de Memling, un shopping forcément exotique parce que hors de l'Hexagone et quelques découvertes à faire ensemble.

Bruges donc, à quelques heures de voiture.

Claude conduisait et je tentais de décrire notre destination vacances, de «vendre» à mes petits-enfants cette parenthèse émerveillée de nos vies.

Arrivée dans un bel hôtel, sur les canaux. Les enfants dans leur chambre communiquant avec la nôtre se livrèrent, joyeux, à l'inventaire des sels de bain et autres gadgets, se jetèrent sur la corbeille de fruits puis s'engagèrent vigoureusement dans une bagarre à propos du choix du lit. Tahfouna, encore la plus forte, administra une raclée à son frère et occupa, étendue de tout son long, cramponnée à son sac, le lit convoité. Claude remit de l'ordre en élevant la voix. Comme il dut le faire avec encore plus de sévérité pour rendre effective l'extinction des feux, à minuit passé ! Tahfouna et Petit Prince avaient décidé qu'ils n'avaient pas sommeil et voulaient se promener – la nuit c'est plus amusant avec les lumières et les bandits, et on peut faire tomber les gens dans l'eau, personne ne nous voit, etc. Halte au désordre, au lit et dodo. Cet intermède, sous son apparence conflictuelle, fit plus pour renouer avec naturel nos liens que je ne sais quelle pédagogie conseillée par les spécialistes. Les grands-parents reprenaient leur place, accompagnateurs et ordonnateurs, le tout dans l'expression d'une infinie tendresse. Quant aux petits-enfants, en se laissant aller avec nous librement à des jeux de garnements, ils faisaient la preuve – pour eux et pour nous – qu'ils avaient définitivement quitté le désert de l'absence.

* *
*

Le lendemain, il nous fallut les réveiller.

Ils s'étaient couchés très tard. Et savouraient cette victoire permanente, quotidienne, remportée sur les disciplines environnantes. Les enfants pensent ainsi affirmer leur proximité avec l'état d'adulte, les adultes n'ayant ni règles ni horaires pour dormir.

Jusqu'à sa majorité, Tahfouna aura lutté avec acharnement pour maintenir cette liberté, qu'elle poussait à l'extrême en vacances.

Petit déjeuner. Buffet d'un grand hôtel. Ils engloutirent muffins et œufs à la coque (Tahfouna en mangea trois!). Nous les regardions faire, en les encourageant à se servir, à se sentir libres et joyeux. Ce fut réussi, je me sentis comblée.

Nous commençâmes, pour mettre du liant dans notre tourisme, par du shopping. Les choix de Tahfouna me surprirent : pantalons larges, tee-shirts bariolés, pas de jupes ni de froufrous. Le Petit Prince se laissa docilement conseiller et rapporta dans ses bagages un bel ensemble short et tunique.

«Allons à Gruuthuse», ai-je décidé.

Gruuthuse est un vieux palais à l'architecture du XVᵉ siècle et aux meubles d'époque, du plus pur art flamand. Les enfants déambulaient d'une pièce à l'autre, s'ennuyant plutôt, jusqu'au moment où, au centre d'un espace délimité par un cordon, à côté de glaives et de canons, nous débouchâmes sur... une guillotine! Un spécimen de cet instrument de torture avait été conservé à Gruuthuse. Comment? Pourquoi? Je n'en savais rien et, plutôt que de fouiller les détails du parcours et de ses auteurs, j'ai préféré raconter la barbarie de nos lois avant 1981. «Mes» condamnés à mort par les tribunaux militaires d'exception en Algérie, l'ultime défense – le recours en grâce – devant le président de la République, Coty, de Gaulle.

Audience à l'Elysée. Dernière chance du condamné à mort. Dernières paroles pour tenter d'obtenir sa grâce, le droit de vivre, du président de la République. M. et E. me tenaient l'un la main l'autre un pan de liquette, le visage, soudain grave, tourné vers le mien comme pour recueillir chaque mot dès qu'il tombait de mes lèvres. Je leur décrivis, pour atténuer la progression dramatique de cette plaidoirie finale, mon premier recours auprès du président Coty. Il venait d'être élu. «D'abord il voulait un verre d'eau. Il s'est levé et a parcouru la pièce dans tous les sens, il ne savait pas comment le Président qu'il était devenu devait appeler pour qu'on lui apporte son verre d'eau. Alors il m'a dit : "Excusez-moi, je cherche..." Et avec un sourire embarrassé : "Vous savez, je suis nouveau dans la maison..."» Sourire qui entraîne des petits rires moqueurs de M. et E.

De toute manière, il fallait abréger, conclure, la gravité du thème se faisait pesante... Surtout que j'évoquais le télégramme officiel annonçant la grâce ou l'appel téléphonique dans la nuit, quelques heures avant l'exécution.

Mes petits-enfants, silencieux, écoutaient avec avidité. Eux si turbulents, si bagarreurs, si questionneurs se tendaient vers la suite du récit, les traits graves. Tahfouna enfin lâcha du bout des lèvres sa question : «Et maintenant c'est fini, comment c'est fini?» Je me lançai alors dans le récit imagé de la journée historique du 17 septembre 1981. Badinter, l'écume aux lèvres, enflammant l'hémicycle, la fièvre qui nous brûlait, nous, les abolitionnistes enragés, les avocats qui nous battions désespérément contre une loi inhumaine et moyenâgeuse, l'intervention de la droite pour dire qu'il n'y avait lieu ni de débattre ni de voter... «Et toi, demanda E. à voix basse, tu y étais Mamie?» Oui, je répondais à la droite qui voulait, à quelques exceptions près, maintenir la France dans l'ère des supplices. J'étais l'oratrice de la «question préalable» au débat. Mais cela, trop compliqué à expliquer, je zappais pour résumer : «Vous voyez, quand j'étais députée, je me suis souvent demandé si j'étais utile à l'Assemblée nationale.» Tahfouna semble ne pas comprendre. Je renonce à expliquer davantage et préfère évoquer mes angoisses d'avocate devant les tribunaux militaires d'exception en Algérie, l'attente si particulière d'un verdict qui pouvait rayer des humains, couper en deux des hommes dont le crime, en Algérie, était de vouloir faire une patrie, un Etat de leur nation, bref de donner à leur pays indépendance et dignité citoyenne.

«Alors, en attendant, mon tic, c'était toujours le

même.» Et je leur racontais comment nerveusement, dans un aller-retour machinal, je déboutonnais et reboutonnais les onze boutons de ma robe... d'avocate. «Au point qu'il n'y avait plus de boutonnières mais d'énormes trous que je faisais sans cesse recoudre.»

Je me souviens qu'à notre retour de vacances, au 102, Tahfouna et le Petit Prince se précipitèrent dans mon cabinet à l'étage au-dessous et s'emparèrent de ma robe.

Déception. Pour la cérémonie de mon jubilé et de mes cinquante ans de bons et loyaux services au barreau de Paris, j'avais dû faire réparer ma robe par des spécialistes. Tout plutôt que d'en changer. «C'est la robe dans laquelle je suis devenue avocate à vingt et un ans.» Une seule robe pour une vie de défense, avais-je décidé.

*   *
*

Il fallait changer de sujet, de quartier, d'atmosphère. Vite, très vite, oublier la guillotine et ses suppliciés, quitter le palais de Gruuthuse et marcher, nous laisser inonder par la lumière d'été.

Nous tombâmes alors sur une boutique-providence : la *candy shop*. Quelques mètres carrés suffisaient à en faire un paradis pour enfants. Des bonbons de toutes les couleurs, de toutes les matières, de toutes les formes : caramels, berlingots, acidulés, sucettes..., à perte de vue. Tahfouna et le Petit Prince vont d'un tas de bonbons aux fruits à ceux au lait, au chocolat... Je les entends s'interpeller : «Regarde E.» «Mais non, dit E., viens voir ici, c'est super, j'ai jamais vu...» Ils ont déjà oublié Gruuthuse, la guillotine, le président de la République. Ce sont bien des enfants, mes petits-enfants.

Je n'ai cessé de les regarder, de suivre leurs ébats, leurs gestes, leurs mimiques. Je n'ai cessé de les écouter, de ressentir leur joie comme un juste retour des événements.

Etaient-ils joyeux, d'ailleurs? Oui, sans aucun doute. Mais je me disais «normalement» joyeux.

Pourtant nous avons tant souffert, eux et nous. En même temps, je dois l'avouer, leur «normalité» me gagnait.

* *
*

Le lendemain, après qu'ils ont écumé sans retenue le buffet du petit déjeuner, nous les emmenons faire une première balade sur les canaux. Ils s'installent excités, heureux, curieux. «Regarde, regarde...» Ils montraient du doigt telle façade ou tel autre bateau que nous croisions. «Mais il est plus petit que le nôtre», fanfaronne E.

Après leur «normalité», et peut-être au-delà, je remarquai une certaine réserve dans leurs rapports avec nous. Pas d'effusion soudaine, ni de bisous surprises, ni même de mots tendres. Pas davantage d'histoires inventées, réclamées, ni de massages avec baisers-papillons le soir.

Les années d'absence avaient-elles balayé, englouti tous ces rites qui nous liaient? Je n'acceptais pas que le passé le soit, passé, autrement dit mort.

A mes dires, Claude opposait une certaine fermeté : «Arrête de geindre, nous sommes sortis de l'enfer de leur disparition, ils sont avec nous, heureux et détendus.» Il n'empêche. Je trouvais à ces journées enfin partagées un goût d'inachevé, de manque de souffle, de souffle d'un vrai retour.

«C'est quoi pour toi un vrai retour? me houspillait Claude. Rappelle-toi que nous avons été inexistants pour eux pendant des années...» Je sais, je sais, mais je n'arrivais pas à étancher ma soif. En fait, je voulais revivre à l'identique ma passion, mais je sentais que je n'avais plus de vraie partenaire. Tahfouna était polie, affectueuse par moments, surtout secrète. Avait-elle étiqueté et classé définitivement notre histoire?

J'avais tenté deux ou trois fois de l'entraîner dans notre échange rodé. Et pour en masquer la force affective dont la profondeur risquait de la troubler, et même de la déstabiliser, je posais ma question avec une gaieté factice, sur le ton d'une devinette. «Tu te souviens?» Ce silence qui me blessait, pour y mettre fin je répondais moi-même, aussitôt : «Oui... Tu me disais, Mamie, on est amoureuses...» Tahfouna se taisait, accusait le coup. Elle se souvenait, disait-elle à mi-voix, rapidement. Mais se souvenait-elle vraiment? Elle paraissait sur ses gardes, comme si elle n'entendait pas devenir tributaire, dépendante d'une passion du passé.

* *
*

La Bruges du lendemain, je la voulus vaguement culturelle. Visite au musée Memling, avec ses triptyques, au sein même du vieil hôpital Saint-Jean. Nous entraînâmes vite nos petits-enfants – qui s'ennuyaient – vers un Michel-Ange, dans l'église Notre-Dame. Leur ennui se fit ostentatoire. Ils s'ébrouèrent vite dans les rues, alternant courses et bagarres en corps à corps.

Pour leur permettre de se dépenser et parce que j'avais envie de connaître son immense plage légendaire, cap sur Ostende. Et découverte de Knokke-le-Zoute entré dans l'histoire de la débâcle militaire de 1940. Il s'agissait de sauver dans leur retraite les bataillons alliés défaits. Les sauver de la mort ou des camps allemands. Le tout se jouait sur une étroite bande de sable, à découvert, soumise aux feux incessants de l'artillerie et de l'aviation hitlériennes. Stratégie de l'impossible, compte tenu du rappor' des forces.

Le roman de Robert Merle[1] m'avait beaucoup marquée, avec les scènes hallucinantes de soldats

---

1. *Week-end à Zuydcoote*, Gallimard, 1972. Le roman fut adapté à l'écran dans un film d'Henri Verneuil. Jean-Paul Belmondo y tenait le rôle principal.

coincés sur une mer – déchaînée – où les bateaux anglais, soumis au pilonnage d'enfer des avions allemands, n'arrivaient pas à accoster et où, dans une débandade tragique, poursuivis par les Stukas en piqué, ils mouraient avant d'accéder aux canots d'embarquement.

Tahfouna voulut savoir si mon père, E. le Magnifique, faisait partie de «ceux qui se sauvaient». Non, nous vivions encore en Tunisie. Et notre guerre – après l'occupation par les troupes de l'Axe, troupes germano-italiennes – ne commença qu'en novembre 1942.

Le Petit Prince quant à lui avait hâte d'arriver au stand des crèmes glacées. Dont nous fîmes provision pour le retour à Bruges.

De grandes promenades sur l'eau occupèrent une grande partie de notre dernière journée dans cette Venise du Nord. Le Petit Prince rappela alors qu'on lui avait promis *avant* une «vraie Venise» et que celle-là, même avec les canaux, ne la remplaçait pas.

* *
*

J'ignore quelle place les souvenirs de Bruges tiennent dans la mémoire de mes petits-enfants. Mais je gage qu'ils n'attribuèrent pas la palme aux seuls canaux de la ville.

Et que le musée du chocolat dans lequel nous avons passé près de deux heures la lui disputera, avec succès.

Ils allaient, roses de plaisir, d'un recoin à un autre, s'interpellaient : «Viens voir! Celui-là, c'est un chocolat blanc mais au goût du noir.» Ils négligèrent les informations savantes affichées pour chaque espèce, émerveillés par la variété infinie de tous les cacaos du monde, comblés surtout par une généreuse dégustation.

Il fallut, on l'imagine, faire preuve d'autorité pour reprendre le chemin de l'hôtel. Ils marchaient à nos côtés, silencieux, avec un air de somnambules, tenant à la main leur précieux colis, un assortiment de tous les chocolats qu'ils avaient goûtés.

Un spectacle nous attendait, qui occupait de ses couleurs, de ses costumes les rues de Bruges. Un défilé folklorique de marionnettes géantes pour marquer sans doute une fête locale. Par les fenêtres de l'hôtel, qu'elles frôlaient, nous aurions pu presque toucher les *puppets* richement habillées qui défilaient dans les rues de la ville.

* *
*

Mes petits-enfants en spectateurs curieux constituaient pour moi le vrai spectacle. Je ne cessais de les regarder regardant autour d'eux, partout. De les observer à la dérobée. Leurs gestes, leurs traits, leurs moindres sourires ou leur soudaine gravité, rien ne m'échappait. Je comparais presque mécaniquement avec «avant», me répétais que, ayant forcément grandi, ils avaient forcément changé. Et que je ne pourrais pas, en un jour, en un an, dissiper cette nouvelle opacité. Il ne faut pas, il ne faut surtout pas, je me le disais sans cesse, forcer la répétition, le souvenir d'«avant». Admettre au contraire qu'il y avait bien un «avant» et un «après», et qu'ainsi nous devions vivre une relation nouvelle, écrire une autre page du lien grands-parents/petits-enfants.

On le voit, on le lit, je commençais à raisonner, à entreprendre le travail d'un autre deuil, un peu particulier, celui d'une mémoire hypertrophiée alors par la souffrance.

A la manière des contes d'amour arabes, je me répétais que nous avions vécu trois années pleines sans voir nos petits-enfants ni les apercevoir, ni voir ou apercevoir ceux ou celles qui auraient pu les voir ou les apercevoir.

Il fallait que le temps remonte le temps, métisse autrement sans doute ces habitudes de tendresse.

Il fallait que le temps – le nôtre – redevienne le leur. Ou l'inverse. Ou que leur émotion retrouve ses chemins d'antan et renoue les gestes et les mots.

Et pour effacer le temps de l'absence, il nous faudrait du temps. Le temps de la patience, de l'espérance.

CHAPITRE XX

Tout rentre dans l'ordre

A raison d'un week-end par mois et d'une dizaine de jours de vacances lors des pauses scolaires, nous nous sommes coulés dans un moule. Celui de grands-parents qui s'astreignent pour jouir de la présence de leurs petits-enfants à un rythme régulier, sagement, légalement calculé.

Je veillais à rendre totale notre disponibilité dès que M. et E. installaient leurs désordres au 102. Déchaussés, fouillant dans des sacs béants, des écouteurs aux oreilles et des petites plaques – iPhone – sous les doigts, ils occupaient l'espace et nos cœurs. Durant près de quarante-huit heures, nous nous ingénions à les rendre heureux, le resto chinois qu'ils aimaient, le film qu'ils avaient choisi, la partie de cartes (le whist) qu'ils voulaient disputer. Nous parlions surtout d'eux, du lycée, des copains, de leurs cours de musique.

J'avais longuement raconté à Tahfouna l'histoire de ma tendre et forte amitié avec Jacqueline R. quand nous étions toutes deux au lycée de jeunes filles de Tunis – lycée Armand-Fallières – dès la troisième jusqu'au bac.

Une amitié d'une force exceptionnelle, que notre complicité de « résistantes » rendait indissoluble. Jacqueline et moi, je l'ai raconté, démolissions, lors des années « Travail, Famille, Patrie », le portrait de Pétain et composions des hymnes gaullistes pour les défilés[1].

Mais nous frémissions aussi à l'unisson des émois de l'adolescence, amours, confidences, secrets, alibis (pour se jouer de la discipline de fer de nos parents). D'autant que l'époque, riche en interdits pour les filles et imprégnée de l'ordre moral de la collaboration, nous bâillonnait.

Ma petite-fille voyait la non-mixité de nos lycées comme une curiosité archaïque incompréhensible. « Pourquoi on vous séparait comme ça, les filles et les garçons ? C'est idiot. » C'était idiot en effet, mais la ségrégation sexuelle sévissait partout, et dès l'enfance dressait ses barrières et ses malentendus. « Il a fallu la guerre, le débarquement des troupes alliées en Afrique du Nord en 1943 et le bombardement de notre lycée pour que je vive quelques mois de mixité. »

Tahfouna souriait quand j'abordais l'épisode du lycée Carnot.

Avec sept autres élèves, j'avais été intégrée à une classe de troisième secondaire du lycée Carnot.

---

1. *Cf. Le Lait de l'oranger*, Gallimard, collection « Blanche », 1988 ; Folio, 1990 ; Pocket, 2003.

L'homologue pour garçons de mon lycée de filles. « Nous étions huit filles et quarante et un garçons... C'était la fête... » Et je précisais que les huit filles étaient amoureuses soit du professeur de français particulièrement bel homme et homme de théâtre amateur, soit d'un lycéen, soit des deux.

Elle riait mais d'un rire... autonome. Comment dire ? Avant, son rire de fond de gorge de gosse affectivement comblée n'avait de sens que s'il se nouait au mien, ou à moi, d'une manière ou d'une autre pour exprimer en quelque sorte un bonheur *bis*, un bonheur identique. Même quand je mimais la scène de l'alerte aérienne – les forteresses volantes américaines qui tentaient sans beaucoup de succès d'atteindre les cibles stratégiques allemandes disséminées à Tunis, dans la ville –, Tahfouna souriait encore, ou riait posément, comme à l'histoire de n'importe quel conteur. « Nous nous serrions dans les tranchées creusées sous le préau. Chacune espérait se placer auprès de son chacun... »

Pas la moindre peur, malgré les bombes américaines et les obus de la D.C.A. allemande. Nous vivions un roman d'aventures où le bouleversement mondial nous valait un bouleversement heureux. Celui de toutes les règles de notre éducation. La liberté, l'échange avec les autres, le désordre fécond. « Moi, je me faufilais pour être la plus proche possible du prof de français et de ses yeux bleus. Il me fascinait... Et quand retentissait la sirène de fin d'alerte, je soupirais et regagnais avec mélancolie mon banc. » Ma petite-fille écoutait, posait quelques questions.

Elle parlait, je dirai, j'écrirai «normalement». C'est-à-dire comme n'importe quelle petite-fille affectueuse à sa grand-mère. Je ressentis que cette qualité d'écoute, de sourire, de rire, et même de questions appartenait à un registre différent de celui de nos émotions jadis partagées.

D'ailleurs, partageait-on encore ces émotions de la même manière? A certaines – très légères – allusions, M. rappelait que le temps avait passé, qu'elle avait grandi, que «c'est plus pareil, tu sais».

Je retournais alors à mes démons. Comment leur avait-on présenté, habillé, à elle et à E., leur «disparition» de nos vies? Je veux dire : comment avaient-ils ressenti l'inéluctabilité, la brutalité, le tranchant d'une rupture de la relation d'amour avec leurs grands-parents? J'ai longtemps espéré une explication, une confidence.

En vain. Car rien ne se dit sur cette période verrouillée dans leurs têtes et dans nos vies.

Pourtant, apprenant du jour au lendemain qu'ils n'existeraient plus pour nous et nous pour eux, ils avaient dû questionner, espérer. Peut-être même pleurer...

Mais nous ne saurions rien de plus que ce dont nous avions souffert.

* *
*

Les week-ends se sont succédé, nous nous retrouvions pour des vacances, nous bavardions souvent au téléphone, nous évoquions l'école, les sports, le piano de M., le violon d'E. Une relation forte, certes, mais banalisée, car dans sa normalité. Détachée de toute fièvre, de toute aliénation passionnée.

E. toujours affectueux, égal à lui-même, avait semble-t-il intégré tant bien que mal les différentes périodes de son enfance et leur turbulence affective.

Pour M., état des lieux différent. Car il superposait sans doute de vraies déchirures. D'autant plus sérieuses qu'elle les avait enfouies au fond d'elle-même dès l'âge de neuf ou dix ans.

Claude et moi essayions de ressembler aux grands-parents «ordinaires». Nous évitions, certes, les conseils moralisateurs et les récits d'anciens combattants. Nous avions glissé vers une autre relation, plus objective, plus «assortie» à notre espace psychologique.

J'avais résisté. S'y était d'abord opposé plus que ma passion, son souvenir. Ma mémoire affective d'état fusionnel. Et même confusionnel. Je ne craignais ni l'alignement inconditionnel réciproque ni cette confusion. Elle, c'est moi et moi, c'est elle. Ni même l'opposition à ce qui nous menaçait. Tout cela au nom de la possession – réelle ou voulue – par la passion.

Mais les années avaient passé. Les liens ne s'étaient pas distendus, mais remis à leur place dans le passé. D'autres leur avaient succédé.

Tahfouna se muait de plus en plus en M. Et moi en Mamie affectueuse et raisonnable. Je ne tentais plus d'empiéter sur les prérogatives de ses parents, comme alors, au grand bonheur de Tahfouna, enfermées que nous étions l'une et l'autre dans notre bulle d'amour.

En même temps, le temps – toujours – lui avait construit une certaine distance, des repères que, presque dès sa naissance, j'avais bouleversés, mélangés, abolis. Avec elle comme coauteure.

Le temps fait naître aussi une nouvelle lucidité. A partir de personnages et de facteurs sains, *normaux*, il crée une sorte de banalité de la relation entre grands-parents et petits-enfants. Une banalité heureuse et heureusement répandue.

* *
*

Les passions meurent donc ainsi. Dans la douceur et la métamorphose surprenante de ses acteurs. La passion est morte, vive l'amour !

Une autre relation autonome, et plus riche sans doute, la remplace.

Comment Tahfouna était-elle devenue M.? J'aurais tant aimé partager avec elle cette mue vers l'affectivité forte, certes, mais courante, d'une petite-fille pour sa grand-mère.

J'aurais tant aimé surtout savoir comment elle se vivait dans cette transformation.

Quant à moi, je me suis sentie de nouveau libre, maîtresse de moi-même et de ma lucidité.

Et en même temps, la grand-mère proche, aimante, juste. Idéale, en somme.

« Bref, tout rentre dans l'ordre. »

Ce soir-là je concluais par ces mots la page de mon journal. Et, allez savoir pourquoi, je mentionnais un renvoi à une note : « L'ordre règne à Varsovie[1]. »

---

1. Proclamation d'Ante Pavelić, chef de l'Etat croate en 1941. Allié des fascistes italiens et des nazis, il dirigea le massacre des Serbes et des Juifs en Croatie.

Epilogue

Une fois de plus, j'ai regardé longuement la série de dessins que Tahfouna dédiait dans sa passion à « ma Mamie que j'aime à la folie ».

Je me suis attardée sur les photos ensoleillées de la Drôme, de Rome, de Saint-Paul-de-Vence, du 102 à Paris, terrasses et intérieur.

J'ai fait le tour des « cadeaux » dont ma petite-fille me comblait, cailloux décorés, pots de yaourt en couleurs et en textes, surtout en textes, je veux dire avec ses mots brûlants, inédits. J'ai reclassé la liste des planètes dont la distance d'avec la Terre mesurait la dose d'amour de chacune pour chacune.

J'ai contemplé à Guenaïdel les lits gigognes que j'avais choisis pour elle et le Petit Prince, bien calés dans une petite chambre dont j'avais décoré les murs, encore bruissants de papillons et d'oiseaux dorés qui les avaient émerveillés.

Un temps révolu, un autre pour enfouir ses souvenirs, un troisième enfin pour accompagner, aussi longtemps que possible, ces deux adolescents dans la conquête de leur liberté.

*   *

*

Rien ne me fut simple, dans cette métamorphose à plusieurs coups.

Je reconnais avoir, au-delà de toute raison, résisté. Résisté contre l'absence et ses méfaits – la dilution d'une passion. Résisté contre le changement affectif et une nouvelle relation. Résisté, avec les forces du désespoir, à la force du temps.

Je n'ai pas été vaincue mais convaincue.

Je sais aujourd'hui qu'à la liste des planètes et au bandeau d'étoiles, ma petite-fille substituera des choix nouveaux. Ses planètes, ses étoiles, ses passions, ses blessures, elle les disposera en elle et dans son monde, à sa guise, sans doute en croyant innover.

Mais je sais aussi qu'elle porte, enfouies en elle, les traces de cette passion, «plus réelle que la réalité même». Certains n'affirment-ils pas (Proust?) que la réalité ne se forme que dans la mémoire? Mais ma petite-fille avait-elle – comme moi – souffert du souvenir de nos temps heureux durant l'absence? «Dante, pourquoi dis-tu qu'il n'est pire misère qu'un souvenir heureux dans les jours de douleur? [1]» Ou au contraire s'en était-elle nourrie pour colmater le manque? Dante contre Musset.

---

1. «Souvenir». Poème d'Alfred de Musset.

Toujours est-il que j'imaginais que l'absence nous avait également déchirées. Mais renouer me révéla surtout qu'elle nous avait transformées en profondeur, et transformé le monde où chacune avait vécu sans l'autre.

* *
*

Ce monde, je l'ai compris comme jamais auparavant, confrontée à ce mélange de deux univers aussi éloignés l'un de l'autre. Celui d'une fillette de quelques années et le mien, celui d'une intellectuelle âgée, structurée, insoumise, éprise d'indépendance à tous les niveaux. Dont celui de l'affectivité, parmi les plus importants.

Même si les blessures, je le sais, ne connaîtront jamais une complète cicatrisation – parce que sans doute celles-ci ne se referment jamais –, j'ai acquis un regard particulier, une «mesure» nouvelle, pour voir le monde quotidien. Et même l'autre, celui des luttes, des crises, de l'écriture.

Et, plus que tout, j'ai gagné un formidable rajeunissement de la faculté d'aimer et d'être aimée.

* *
*

Comment M. et moi-même avons-nous pu vivre au diapason et au plus haut degré cette passion, je me le demande encore. Comment l'interdit nous aura-t-il façonnées, l'une et l'autre, l'une sans l'autre, chacune avec ce qu'elle porte, ses défenses et ses attentes? Et comment M. intégrera-t-elle à son adolescence l'histoire de Tahfouna enfant? Il lui appartient de le dire. Ou de le taire. Et d'en garder le secret. Son grand secret. Mais nul ne peut douter que la mise hors la loi d'un amour incandescent – celui d'une petite-fille pour sa grand-mère – aura fait d'elle, dans une partie d'elle-même, une enfant rompue.

Heureusement, les tourbillons et les émois de son futur en banniront toute tristesse, il faut en faire le pari.

*   *
*

M. a eu dix-huit ans en août, E. seize ans en décembre 2010.

Tous deux sont grands, élancés, beaux, sportifs, épanouis.

Je soupçonne E. de humer avec bonheur, par-ci, par-là, quelques bouffées de cigarette. Et d'aller tranquillement, sans angoisse évidente, vers son bac.

Je soupçonne M., qui a tiré sa révérence aux parents et à Paris (elle a tenu à s'inscrire dans une *prépa* de province), de veiller jalousement à sa liberté naissante. Et d'écarter ainsi tout conseil, toute aide, toute participation, quelle qu'elle soit, à son projet.

Je les crois, tous deux, bien ancrés dans l'avenir. Leurs chemins – quoi de plus normal? – s'écartent de ceux de leurs enfances croisées avec notre vieillesse.

* *
*

Nos temps communs – vacances, week-ends, séjours à Guenaïdel, la maison drômoise où M. se retrouve toujours avec émotion – empruntent un rythme plutôt harmonieux. Harmonieux et classique. Classique et courant. Courant mais quelquefois routinier. J'hésite encore à écrire «banal».
Mais la vie sans blessures ne se confond-elle pas souvent avec la banalité?

* *
*

Il reste que j'ai vécu, d'une manière un peu insolite, une passion totalitaire. Et qu'elle a construit une histoire. Et que cette histoire a révélé une capacité d'aimer et de désespérer que je ne soupçonnais pas en moi. Un paroxysme un peu hors sujet(s), dont la force inattendue a transformé ma vie de sexagénaire. Et l'a enrichie en la doublant d'une autre vie, sans doute cachée dans la part d'ombre que chacun(e) porte en soi.

Table

Imprimé en France par EPAC Technologies
N° d'impression : 4550414326820
Dépôt légal : mars 2011